Palavras de Jesus

Vol.1

ENSINOS, BEM-AVENTURANÇAS E
PARÁBOLAS ENCONTRADAS UNICAMENTE NOS
EVANGELHOS DE MATEUS, MARCOS E JOÃO

Letra Espírita

EVELYN FREIRE DE CARVALHO

Palavras de Jesus

Vol.1

ENSINOS, BEM-AVENTURANÇAS E
PARÁBOLAS ENCONTRADAS UNICAMENTE NOS
EVANGELHOS DE MATEUS, MARCOS E JOÃO

Campos dos Goytacazes/RJ - 2024

1ª Edição – Junho/2024

A editora Letra Espírita mantém o Grupo Espírita Yvonne do Amaral Pereira em Campos dos Goytacazes/RJ.

Projeto Gráfico: Gabriela Dias

Capa e Diagramação: Maryana Ahlert

Imagem da capa: Freepik.com

Revisão: Mirian Dias e Yasmin Lima

Coordenação Editorial: Murilo Viana

Ilustração: Freepik.com

Impresso no Brasil

Contato e pedidos:

vendas@letraespirita.com.br
(22) 2738-0184

Dados Internacionais de Catalogação na Publicação (CIP)
(Câmara Brasileira do Livro, SP, Brasil)

Carvalho, Evelyn Freire de
Palavras de Jesus : volume 1 : ensinos, bem-aventuranças e parábolas encontradas unicamente nos evangelhos de Mateus, Marcos e João / Evelyn Freire de Carvalho. -- Campos dos Goytacazes, RJ : Letra Espírita, 2024.

ISBN 978-65-88535-77-6

1. Espiritismo - Doutrinas 2. Jesus Cristo - Interpretações espíritas 3. Mediunidade 4. Parábolas cristã I. Título.

24-203109 CDD-133.901

Índices para catálogo sistemático:

1. Jesus Cristo : Ensinamentos : Interpretações espíritas : Doutrina espírita 133.901

Eliane de Freitas Leite - Bibliotecária - CRB 8/8415

Dedicatória

Aos amigos do coração, anjos muito amados e exemplos vivos de amizade, respeito, amor e união.

Agradecimentos

À equipe "Conhecendo o Espiritismo", encarnada e desencarnada; à minha amada família e, especialmente, a Deus, nosso Pai e Criador.

Sumário

Prefácio

As mais belas flores são aquelas plantadas com amor, pois, além de serem alimentadas pela luz e pela água divinas, absorvem as energias positivas emanadas pelo seu semeador. E que mais belas flores podemos encontrar senão as que foram plantadas por Jesus, o grande Semeador da Humanidade?

O Mestre, quando nos deu a honra de sua presença, deixou-nos as lindas e perfumadas flores do Evangelho. Tantas palavras e mensagens ainda por nós ignoradas, mas que, se recebessem de nós a devida importância, perfumariam nossas vidas por toda a eternidade.

O Evangelho de Amor é a mais bela flor de todas, pois representa o amor de Deus a espargir por toda a Terra. Todo jardim, quando cuidado e semeado com as palavras de Jesus, torna-se puro, belo e encantador.

Este singelo projeto traz carinhosamente as interpretações das palavras de Jesus, auxiliando cada um de nós a também sermos um semeador desse amor, arrancando de nossos corações as flores ressequidas e sem vida. Plantemos outras novas e mais coloridas, fazendo do coração, terra fértil para o amor e para o bem.

Quanto mais conhecermos as flores do Evangelho de Jesus, mais preparados estaremos para sermos também a luz do mundo.

Que o seu jardim possa tornar-se mais belo e florido a cada dia.

Equipe Espiritual do Centro Espírita Online
Casa de Jesus – Conhecendo o Espiritismo

Introdução

Meus amores, bem-vindos a mais um livro da série Conhecendo o Espiritismo.

É sempre um momento especial iniciar um novo projeto. Composto por duas obras que se complementam, ampliaremos agora os estudos espíritas acerca das Palavras de Jesus.

Mesmo sendo tão somente singela contribuição, realizamos tudo com muito carinho, empenho, amor e sincero desejo de auxiliar. Somos constantemente amparados por Deus e pela Espiritualidade Amiga, e devemos, mesmo que de forma humilde, retribuir um pouco do muito que recebemos.

E qual a melhor maneira de retribuirmos ao Pai senão fazendo e distribuindo o bem, através do conhecimento que ilumina e transforma corações? É o que anelamos fazer, trabalhar na linda seara do Cristo e permitir que mais pessoas conheçam Suas palavras e Seus ensinos.

Neste primeiro livro, interpretamos algumas das mais importantes frases proferidas por Jesus e conhecemos o sentido profundo de cada uma das bem-aventuranças. Além disso, examinamos as parábolas constantes unicamente em um dos Evangelhos de Mateus, Marcos e João.

O segundo livro será dedicado ao estudo exclusivo das parábolas. No primeiro capítulo, apresentaremos aquelas encontradas unicamente no Evangelho de Lucas. No segundo, conheceremos as parábolas existentes em dois Evangelhos e, no último capítulo, as parábolas encontradas em três dos quatro Evangelhos canônicos. E tudo de maneira didática e objetiva, que é a marca da série Conhecendo o Espiritismo.

Estudando as palavras de Jesus e procurando bem compreendê-las, será mais fácil vivenciarmos o amor, a justiça e a fraternidade, em prol do objetivo maior da vida de todo ser humano.

Que a leitura, além do conhecimento, promova em seu íntimo o desejo de renovação e crescimento espiritual.

Dia feliz!

Capítulo I
Ensinos De Jesus

1. Qual o sentido de "Meu Reino não é deste mundo"?

Então Pilatos reentrou no palácio, fez vir Jesus e lhe disse: Tu és o rei dos judeus? Jesus lhe respondeu: Meu reino não é deste mundo. Se meu reino fosse deste mundo, minha gente teria combatido para impedir que eu caísse nas mãos dos judeus; mas agora meu reino não é aqui.

Pilatos então lhe disse: És, portanto, rei? Jesus lhe replicou: Tu o dizes; eu sou rei; nasci e vim a este mundo para dar testemunho da verdade; quem é da verdade escuta a minha voz.[1]

Examinando a referida passagem evangélica, verificamos que Jesus fala sobre dois pontos cruciais da sua mensagem: a vida futura, mais humana, justa e feliz que a vivenciada no planeta; e a sua realeza, que de fato existia, mas não ainda na Terra, pois aqui os homens não ouvem nem vivenciam verdadeiramente as suas palavras.

Ao dizer: *meu reino não é deste Mundo*, Jesus claramente afirma que é rei, no entanto, de um mundo diferente do

1 BÍBLIA ONLINE. *João 18:33-36-37*. Disponível em: https://www.bibliaonline.com.br/. Acesso em: 13/09/2023.

nosso. As palavras: *mas agora meu reino não é aqui* trazem a ideia de temporalidade; informa o Cristo que, por enquanto, seu Reino não está na Terra, porém um dia estará.

Por que a Terra ainda não pode ser considerada o Reino de Jesus? Por uma razão muito simples, não existe aqui a vivência real da Lei de Justiça, Amor e Caridade, destinação de todo Espírito criado por Deus. O orgulho e o egoísmo ainda imperam nos corações dos homens, impedindo o reinado de Jesus.

Por oportuno, vejamos parte do testemunho de um Espírito que foi rainha da França. A comunicação foi trazida no ano de 1863, em Havre.

> Quem melhor do que eu pode compreender a verdade destas palavras de nosso Senhor: "O meu reino não é deste mundo"? O orgulho me perdeu na Terra. [...]. Correm os homens por alcançar os bens terrestres, como se os houvessem de guardar para sempre. Aqui, porém, todas as ilusões se somem. Cedo se apercebem eles de que apenas apanharam uma sombra e desprezaram os únicos bens reais e duradouros, os únicos que lhes aproveitam na morada celeste, os únicos que lhes podem facultar aceso a esta.[2]

Estamos caminhando e progredindo para um dia sermos Espíritos puros e pautarmos nossas vidas no amor a Deus e ao próximo. Quando esse dia chegar, as pessoas vivenciarão a abnegação, a humildade e a caridade em sua plenitude, não importando títulos ou postos hierárquicos, mas somente o sincero desejo de amparar e de enxugar as lágrimas dos seus irmãos.

---

2 KARDEC, Allan. *O Evangelho Segundo o Espiritismo*. Campos dos Goytacazes/RJ: Editora Letra Espírita, 2023. Capítulo 2 - Meu Reino não é deste mundo. Item 8, p. 47-48.

O Mestre não se refere a uma realeza material, nem aqui nem em mundos mais evoluídos, porém, única e exclusivamente, a uma realeza moral e espiritual. A primeira é efêmera e temporária, restrita à existência física do ser; já a segunda é perene, decorre de uma autoridade moral que se perpetua no tempo, no espaço e, mesmo após a morte, varando os séculos e influenciando diretamente o progresso da Humanidade.

Assim, importa compreendermos perfeitamente a razão pela qual estamos reencarnados no planeta, que é aprender, crescer e evoluir por meio das provas da vida material, rumando em direção a uma vida futura mais plena e feliz. O homem precisa desenvolver todo o seu potencial intelectual e moral, construindo o reino de amor dentro de si e, consequentemente, tornando a Terra um Reino de Deus.

Sem essa exata noção, o ser humano fica perdido em sua existência física, lutando e buscando as conquistas efêmeras da matéria sem jamais encontrar a verdadeira felicidade pois, esta, somente os tesouros da alma podem proporcionar.

Pilatos, não acreditando nem entendendo a vida futura, não conseguiu alcançar o raciocínio do Mestre, pensando que Ele só falava da vida presente. Assim como Pilatos, somos muitos de nós. Os próprios judeus tiveram dificuldades para compreender a missão de Jesus, esperando que Ele se tornasse seu rei e fizesse do povo judeu o maior entre os demais. Ledo engano. Como nos diz *O Evangelho Segundo o Espiritismo:*

> [...] há outro mundo, onde a Justiça de Deus segue o seu curso. É esse o mundo que Ele promete aos que cumprem os mandamentos de Deus e onde os bons acharão sua recompensa. Aí o seu reino; lá é

> que Ele se encontra na sua glória e para onde voltaria quando deixasse a Terra.[3]

Jesus, conhecendo a limitação de Pilatos e da Humanidade à época, muito embora não tenha deixado de abordar a questão da vida futura, o fez de modo subliminar e muito sutil. De nada adiantaria falar de verdades ainda impossíveis de serem compreendidas. Deixou para a Doutrina Espírita a missão de explicar e desenvolver o tema acerca da imortalidade da alma e da vida após a morte.

A grande maioria da Humanidade, e mesmo os que se intitulam seguidores de Jesus, independentemente do credo a que se filiem, não conseguem vislumbrar esse reino de amor, de paz e de harmonia sem o atrelarem ao contexto e aos valores do mundo terreno. Ainda imaginam essa vida futura com os parâmetros da existência física, sem se desvencilharem totalmente dos prazeres e das coisas materiais.

O maior esforço de todos nós é continuarmos estudando, aprendendo e tentando vivenciar as sublimes lições de Jesus, onde estivermos e com todas as pessoas. Somente assim poderemos transformar a Terra em um mundo melhor e regenerado para todos, o verdadeiro Reino de Deus falado no Evangelho de João.

2. Qual o sentido de "Há muitas moradas na casa de meu Pai"?[4]

---

3 KARDEC, Allan. *O Evangelho Segundo o Espiritismo*. Campos dos Goytacazes/RJ: Editora Letra Espírita, 2023. Capítulo 2 - Meu Reino não é deste mundo. Item 3, p. 44.

4 Nota da Autora: O tema abordado consta originalmente da obra *A morada dos Espíritos e suas leis*, nas perguntas de números 01, "Todos os mundos são habitados?", e 05, "Todos os mundos têm o mesmo grau evolutivo?". Todavia, consideramos adequado trazê-lo novamente a este novo livro para fins de melhor compreensão do tema e contextualização.

Que vosso coração não se perturbe. Crede em Deus, crede em mim também. Há muitas moradas na casa de meu Pai. Se assim não fosse, eu vos teria dito, pois vou para preparar-vos um lugar, e depois que me for, e que vos tiver preparado um lugar, eu retornarei, e vos levarei comigo, a fim de que, onde eu estiver, vós aí também estejais.[5]

Pensar na exclusividade da Terra seria colocar em dúvida a sabedoria de Deus, que nada faz sem um fim útil. Examinando atentamente o nosso mundo, nada há na sua constituição física, no seu volume ou mesmo na sua posição que nos faça imaginar que nosso planeta detenha o privilégio único de ser habitado, com a exclusão de uma infinidade de mundos existentes no Universo.

Quando Jesus disse *que vosso coração não se perturbe. Crede em Deus, crede em mim também. Há muitas moradas na casa de meu Pai*, ensinava-nos sobre a pluralidade dos mundos habitados, demonstrando que a casa do Pai é o Universo e, as diferentes moradas são os mundos que circulam no espaço infinito, oferecendo ao Espírito habitações correspondentes ao seu adiantamento. A pluralidade dos mundos habitados, inclusive, é um dos princípios fundamentais da Doutrina Espírita.

A Terra é tão somente uma das várias moradas da criatura, havendo muitas outras que abrigam Espíritos semelhantes aos nossos, de modo que não somos os únicos no Universo dotados de inteligência e racionalidade. A Espiritualidade, quando questionada por Kardec se todos os globos seriam habitados, respondeu positivamente, informando que o homem terreno está bem longe de ser, como imagina, o primeiro em inteligência, bondade e per-

5 BÍBLIA ONLINE. *João 14:1-3*. Disponível em: https://www.bibliaonline.com.br/. Acesso em: 12/09/2023.

feição, derivando tal pensamento do orgulho e da vaidade existente em nossos corações.[6]

O Codificador, em seus comentários, elucida que Deus povoou os mundos de seres vivos e que todos concorrem para o objetivo final da Providência, não sendo lógico e racional imaginar que o Criador fez os mundos para nos alegrar os olhos unicamente.

Em *O Livro dos Espíritos*[7], consta a informação de que a constituição física dos diferentes globos não é a mesma, o que não os torna semelhantes em absolutamente nada e, como consequência, os seres que os habitam também apresentam organização diferente dos terráqueos, estruturando-se de forma compatível com o seu próprio mundo.

Seu estilo de vida é, naturalmente, diferente do nosso. Em mundos mais distanciados do Sol, a luz e o calor advêm de outras fontes, o que confere à eletricidade um papel muito mais relevante, embora ainda desconhecido para nós.

Os Espíritos reencarnarão, conforme sua evolução, em mundos compatíveis com sua moralidade, experimentando múltiplas existências corporais na Terra ou em outros planetas, repetindo-se este ciclo quantas vezes forem necessárias para a sua depuração, em processo migratório constante.

Em função do progresso realizado, os Espíritos vão se habilitando a viver em mundos mais adiantados, mais felizes; outros, ainda persistentes no mal e que não acompanharam o progresso moral do mundo em que viviam, acabam exilados para outros mundos compatíveis com

6 KARDEC, Allan. *O Livro dos Espíritos*. Campos dos Goytacazes/RJ: Editora Letra Espírita, 2022. Q. 55. p. 61.

7 KARDEC, Allan. *O Livro dos Espíritos*. Campos dos Goytacazes/RJ: Editora Letra Espírita, 2022. Q. 55. p. 61.

sua imperfeição, constituindo-se o exílio em colheita dolorosa, mas também em uma oportunidade de despertamento e de renovação espiritual.

Cabe ressaltar que os mundos evoluem materialmente, assim como os seres vivos evoluem moralmente. Nada permanece estacionário na Natureza. Um mundo portando constituição física primitiva também se aprimorará, proporcionando vida feliz a seus habitantes.

Dos ensinamentos trazidos pelos Espíritos, observa-se que as condições dos outros mundos são bastante diferentes, havendo aqueles em que os habitantes são inferiores aos da Terra, física e moralmente; outros, no entanto, encontram-se na mesma categoria ou em níveis superiores de evolução.

Nos mundos inferiores, informam que a existência é toda material, reinando as paixões absolutas, sendo a vida moral quase nula. Desenvolvendo-se a vida moral, a influência da matéria diminui, permitindo que, nos mundos mais adiantados, a vida seja, praticamente, toda espiritual.

Embora não se possa fazer uma classificação absoluta das categorias dos mundos habitados, Kardec oferece uma, que permite uma visão geral sobre o assunto. Assim, no tocante à evolução, os mundos podem ser *primitivos, de provas e expiações, de regeneração, felizes ou ditosos e celestes.*[8]

Os mundos primitivos são destinados às primeiras reencarnações da alma humana, onde a vida é ainda toda material, sendo, de certa maneira, seres primitivos que os habitam. Possuem a forma humana, mas sem nenhuma beleza; seus instintos não apresentam nenhum sentimen-

---

8 KARDEC, Allan. *O Evangelho Segundo o Espiritismo*. Campos dos Goytacazes/RJ: Editora Letra Espírita, 2023. Capítulo 3 - Há Muitas Moradas na Casa de meu Pai. Item 4, p. 50.

to de delicadeza ou benevolência, nem as noções do justo e do injusto, motivo pelo qual as paixões reinam soberanas.

Utilizam principalmente os instintos, sendo a força bruta a única lei. Como carecem de indústrias e de invenções, as criaturas passam a vida em busca de alimentos, encontrando-se latente e mais ou menos desenvolvida a vaga intuição de um Ser Supremo.

Nos mundos de provas e expiações, onde a Terra ainda figura, há o predomínio do mal. Os Espíritos habitantes dessa espécie planetária possuem grande imperfeição moral, sendo-lhes concedida, por meio da reencarnação, a oportunidade de corrigirem seus erros por meio de ações benéficas.

Nesses mundos a criatura luta, simultaneamente, contra a perversidade dos homens e a inclemência da própria natureza, desenvolvendo as virtudes do coração e da inteligência. Por essa razão, encontra-se o homem na Terra envolto em tantas misérias, trabalhando, atualmente, pela transição do planeta para o mundo de regeneração.

Os mundos de regeneração consistem na transição da fase de expiação para os mundos felizes, onde as virtudes e os defeitos se mesclam, não existindo as pungentes angústias das expiações, mas somente provas, vistas e compreendidas como mecanismos de evolução e não de sofrimento e martírio.

Neles as almas que ainda precisam ser provadas conquistam novas forças e repousam das fatigas da luta. Embora os seres se achem sujeitos às leis que regem a matéria, todos conhecem as Leis de Deus e tentam cumpri-las, pois superaram as paixões, o orgulho, a inveja e o ódio, já vivenciando um início de felicidade.

O bem não é absoluto no mundo de regeneração, mas reina em sua atmosfera. Em comparação com a Terra, são mundos bastante ditosos e representam para nós a calma após a tempestade. Sobre esses mundos, diz Santo Agostinho:

> Mas, ah! Nesses mundos, ainda falível é o homem e o espírito do mal não há perdido completamente o seu império. Não avançar é recuar, e, se somente o homem não se houver firmado bastante na senda do bem, pode recair nos mundos de expiação, onde, então, novas e mais terríveis provas o aguardam.[9]

Já nos mundos ditosos ou felizes, o bem sobrepuja o mal e a felicidade faz-se realidade. A relação de povo para povo é sempre amigável, jamais perturbada pelas ambições de dominação e pelas guerras; lá, não havendo senhores, nem escravos, nem leis penais, nem crimes, só a superioridade moral e intelectual estabelece diferenças entre os seres.

Todos têm o necessário para viver, não havendo o supérfluo, e ninguém se encontra em expiação. Um laço de amor e de fraternidade une as criaturas, não há várias religiões, todos adoram um só Deus e buscam a perfeição espiritual, o reino angélico.

A forma corpórea lá é sempre a humana, contudo, mais embelezada, aperfeiçoada e, sobretudo, purificada, sendo a densidade dos corpos tão leve que nos parece um vapor, impalpável e luminoso, sobretudo no rosto e na cabeça. Nesses mundos, a leveza do corpo permite locomoção rápida e fácil, a Humanidade é isenta de angústias, e a vida, proporcionalmente, muito mais longa que na Terra.

Os mundos celestes ou divinos são as moradas dos Espíritos puros, onde só existe o bem e todos já alcança-

9 KARDEC, Allan. *O Evangelho Segundo o Espiritismo*. Campos dos Goytacazes/RJ: Editora Letra Espírita, 2023. Capítulo 3 - Há muitas moradas na casa de meu Pai. Item 18, p. 56.

ram o cume da sabedoria e da bondade, não estando mais os Espíritos sujeitos à encarnação em corpos perecíveis. Os Espíritos que habitam esses mundos serão os futuros governantes e cristos de planetas, responsáveis pelo desenvolvimento e pelo progresso de uma Humanidade planetária.

Esses mundos são o destino de todos os Espíritos, a ser conquistado por meio da evolução espiritual. O progresso é, portanto, a Lei da Natureza, e, ao mesmo tempo em que progridem todos os seres vivos moralmente, os mundos também o fazem materialmente, porquanto nada na Natureza permanece estacionário.

Como é sabido, a Terra está em período de transição de mundo de provas e expiações para mundo de regeneração, quando então ofertará condições físicas mais favoráveis ao homem, sem os violentos fenômenos naturais hoje observados.

O Espírito Joanna de Ângelis, no livro *No Limiar do Infinito*, em capítulo referente à Pluralidade dos Mundos Habitados, ensina:

> Cálculos muito pessimistas, examinando o Sol, que é uma estrela envelhecida de quinta grandeza a sustentar hoje os planetas conhecidos, e que os mantêm com a sua energia, fazem crer que nesse universo de sóis mais poderosos, se lhes fossem dados dois planetas apenas para cada um, teríamos 200 bilhões em movimentação em nossa galáxia.
>
> Atribuindo-se por probabilidade a hipótese de somente 1% deles ter as mesmas condições e idades correspondentes à Terra, teríamos 2 bilhões de planetas com condições que caracterizam o nosso berço de origem.
>
> Dando-se a possibilidade remotíssima de que apenas 1% deles tivesse condições de vida semelhante à nossa e defrontaríamos, aproximada-

mente, com cerca de 20 milhões de planetas iguais ao nosso com vida inteligente.[10]

E finaliza a Benfeitora Espiritual:

> Não é, portanto, temerário afirmar-se que a vida inteligente não é exclusivo patrimônio da pequenez do planeta terrestre. Tal afirmação já não repugna à inteligência nem à cultura: a da pluralidade dos mundos habitados, mundos esses departamentos da "casa do Pai", nos quais o espírito evolui, progride, aprimora-se na busca da perfeição incessante.[11]

Desta feita, constata-se a existência de infinitos mundos gravitando no Universo, desde aqueles que se acham ainda em estado de gases incandescentes até os mais lindos e sublimes, aguardando a Humanidade purificada, como Jesus.

Cabe ao homem lutar e se esforçar para evoluir, auxiliando no progresso da Terra e na dissipação de suas sombras, facilitando assim sua ascensão na escala dos mundos, do estágio de dores e de expiações para o mundo de regeneração.

3. Qual o sentido de "Ninguém pode ver o Reino de Deus se não nascer de novo"?

Ora, havia entre os fariseus um homem chamado Nicodemos, um senador dos Judeus. À noite, foi encontrar Jesus, e lhe disse: Rabi, sabemos que vens da parte de Deus para nos instruir como um mestre. Pois ninguém poderia fazer os milagres que fazes, se Deus não estivesse com ele.

10 FRANCO, Divaldo. *No limiar do infinito*. Pelo Espírito Joanna de Ângelis. [s.l.]: Leal, 1977. p. 19.

11 FRANCO, Divaldo. *No limiar do infinito*. Pelo Espírito Joanna de Ângelis. [s.l.]: Leal, 1977. p. 19.

Jesus lhe respondeu: Em verdade, em verdade, te digo: Ninguém pode ver o reino de Deus se não nascer de novo. Nicodemos lhe disse: Como pode nascer um homem que já é velho? Pode voltar ao seio de sua mãe para nascer outra vez? Jesus lhe respondeu: Em verdade, em verdade, eu te digo: Se um homem não renascer da água e do Espírito, não pode entrar no reino de Deus. O que é nascido da carne é carne, e o que é nascido do Espírito é Espírito. Não te espantes com o que te digo, que é preciso nascer de novo. O Espírito sopra onde quer, ouves sua voz, mas não sabes de onde vem, nem aonde vai. Assim acontece com todo homem que nasceu do Espírito. Nicodemos lhe respondeu: Como isso pode acontecer? – Jesus lhe disse: És mestre em Israel e ignoras essas coisas? – Na verdade, na verdade te digo que nós dizemos o que sabemos, e testificamos o que vimos; e não aceitais o nosso testemunho. Mas se não acreditais em mim quando vos falo das coisas da Terra, como acreditareis em mim quando vos falar das coisas do céu?[12]

Na passagem acima Jesus nos ensina sobre a reencarnação. Também conhecida como palingenesia, o retorno do Espírito ao corpo material após a morte. É um novo nascimento, mas em um corpo diferente, nada semelhante ao antigo, pois nascer em um mesmo corpo é chamado de ressurreição.

Para melhor compreensão da passagem evangélica é relevante conhecermos um pouco sobre os fariseus. A palavra fariseu vem do hebraico *parasch* e significa divisão, separação.[13] À época de Jesus, os fariseus eram os que observavam excessivamente as práticas exteriores do culto e das cerimônias, mas sem a devida ressonância

---

12 BÍBLIA ONLINE. *João 3:1-12*. Disponível em: https://www.bibliaonline.com.br/. Acesso em: 13/09/2023.

13 WIKIPÉDIA. *Fariseus.* Disponível em: https://pt.wikipedia.org/wiki/Fariseus. Acesso em: 10/02/2022.

das Leis em seus corações. Diz *O Evangelho Segundo o Espiritismo*:

> [...] cheios de um zelo ardente de proselitismo, inimigos dos inovadores, afetavam grande severidade de princípios; mas, sob as aparências de meticulosa devoção, ocultavam costumes dissolutos, muito orgulho e, acima de tudo, excessiva ânsia de dominação. Tinham a religião mais como meio de chegarem a seus fins, do que como objeto de fé sincera. Da virtude nada possuíam, além das exterioridades e da ostentação [...] [14]

Os fariseus em geral sentiam-se incomodados com Jesus, considerando que Ele pregava exatamente o oposto do que faziam e defendiam. Nicodemos, todavia, era diferente e se sensibilizava com as palavras do Mestre, reconhecia n'Ele sua autoridade moral e sua procedência divina, razão pela qual afirma: – *Rabi, sabemos que vens da parte de Deus para nos instruir como um mestre.*

Ao que parece, Nicodemos era um homem bom, piedoso e fiel a Deus. No início de sua conversa já declara que *ninguém poderia fazer os milagres que fazes, se Deus não estivesse com ele*. Ele já percebia a completa e perfeita ligação existente entre Deus e Jesus.

Todavia, mesmo sendo Nicodemos uma pessoa de bem, tinha suas limitações como todo ser humano. O fato de ter buscado por Jesus à noite seria um indicativo dessa sua fragilidade espiritual. Ele tinha grande importância junto aos judeus, era um dos chefes, príncipe de Israel e membro do Sinédrio. Ao optar pela noite e pelo anonimato, evitaria ser visto e, com isso, receber críticas dos seus colegas fariseus.

14 KARDEC, Allan. *O Evangelho Segundo o Espiritismo*. Campos dos Goytacazes/RJ: Editora Letra Espírita, 2023. Introdução, item 3 - Notícias Históricas, p. 24.

Nicodemos tinha muitas dúvidas; vemos que sua fé ainda era frágil. Pregava a seita dos fariseus, professava um judaísmo rígido, sendo tudo isso provavelmente considerado pelo doutor da lei quando resolveu procurar pelo Mestre.

Além da interpretação sobredita, podemos também entender a noite como uma simbologia para a ausência de luz. Representa as trevas, a maldade, a ignorância que existe em nós, em contraposição à luz, que simboliza renovação. Nicodemos almejava sair da ignorância em que ainda se encontrava e alcançar a luz.

Uma terceira possibilidade seria por conta de o período noturno apresentar um tempo mais ameno, já que naquelas terras fazia muito calor. À noite seria o momento mais adequado para a absorção dos ensinamentos, pois a palavra poderia ser dita de modo mais livre, tranquilo e verdadeiro.

Nicodemos, ao dizer *como pode nascer um homem que já é velho? Pode voltar ao seio de sua mãe para nascer outra vez?*, demonstra ter entendido perfeitamente que era sobre *nascer de novo* que Jesus falava (reencarnação e não ressurreição). Sua dúvida ficou apenas sendo como isso poderia ocorrer. Sua resposta, traduzida em pergunta, indicava seu desconhecimento acerca da continuidade da vida após a morte e a ausência de reflexões sobre a imortalidade do Espírito.

Alguns pensam que o *renascer da água* seria o batismo. Tal interpretação, contudo, não nos parece a mais acertada. Em verdade, afirmar *se o homem não renascer da água e do Espírito* é o mesmo que dizer *se o homem não renascer com seu corpo e sua alma*. Tal afirmativa é plenamente compatível com o sentido de nascer da água, pois à época isso simbolizava a origem da matéria, o elemento material. O Espírito, de outro modo, era o símbolo da natureza inteligente. Desse modo, não observamos qualquer menção ao batismo.

E Nicodemos assim compreendeu, pairando a dúvida em sua mente somente de como seria possível entrar uma segunda vez no ventre de sua mãe. Se a ideia real fosse a de batismo e não de reencarnação, seguramente a pergunta que teria feito seria diferente.

Recordemos que toda vida material depende e precisa de água, especialmente os humanos, que têm em sua composição física mais água do que carne, ficando mesmo nove meses no ventre materno, *dentro d'água*, antes de nascerem de novo. Jesus, sabendo que a palavra água não fora empregada em seu sentido próprio, mas no sentido de geração, utilizou-a acertadamente para designar o processo da reencarnação. Haroldo Dutra Dias, tradutor do Novo Testamento, diz que o verbo grego usado nos Evangelhos quer mesmo dizer "gerado"; *"se alguém não for gerado de novo"*.[15] O sentido é de *ser parido*.

Se o pensamento de Jesus não fosse o da reencarnação, qual a razão de reafirmar que *"o que é nascido da carne é carne e o que é nascido do Espírito é Espírito"*? Tais palavras demonstram uma distinção clara entre corpo e Espírito.[16] Ensina que o corpo físico (carne) procede do corpo da mãe (carne) através do processo reencarnatório e da maternidade.

Já o Espírito independe do corpo, surge do elemento espiritual, podendo mesmo existir sem ele, como observado entre os desencarnados. O Espírito, por meio dos corpos materiais e conforme a lei do renascimento suces-

15 DIAS, Haroldo Dutra. *O Novo Testamento*. 1. ed. Brasília: FEB, 2013. João 3:1-11. p. 401.

16 KARDEC, Allan. *O Evangelho Segundo o Espiritismo*. Campos dos Goytacazes/RJ: Editora Letra Espírita, 2023. Capítulo 4 - Ninguém poderá ver o Reino de Deus se não nascer de novo, item 8, p. 61.

sivo, aos poucos vai conquistando as virtudes da perfeição a qual está destinado.

A sociedade contemporânea do Cristo tinha ainda muita dificuldade para compreender essa ideia, razão pela qual o tema reencarnação foi abordado mais de uma vez, não se restringindo ao Evangelho de João. No Evangelho de Mateus[17], o tema se faz mais claro e nítido, havendo referência expressa sobre a reencarnação, com Jesus afirmando, inclusive, ter sido João Batista o Elias reencarnado.[18]

A frase *"o Espírito sopra onde quer; ouve-lhe a voz, mas não sabes bem donde ele vem, bem para onde vai"* pode ser entendida de duas formas: como sendo o Espírito de Deus ou a alma do homem.[19] No primeiro sentido, porque o Espírito de Deus é soberano, dá a vida ao Espírito independentemente de nossa vontade, não tendo o homem ainda condições de saber quando e como isso acontece.

No segundo sentido, significa que o Espírito (alma) não sabe o que foi nem o que será, em clara demonstração da preexistência da alma e da pluralidade das existências. Se o Espírito fosse criado no momento da reencarnação, conheceria perfeitamente o seu começo (o que foi). Da mesma forma, se a vida do Espírito findasse com a morte do corpo físico (unicidade da existência), conheceria o seu fim (para onde vai).

Por fim, lembremos sobre a finalidade da reencarnação. A Espiritualidade foi categórica ao afirmar

---

17 Mateus 16:13-14. E, chegando Jesus às partes de Cesareia de Filipe, interrogou os seus discípulos, dizendo: Quem dizem os homens ser o Filho do homem? E eles disseram: Uns, João o Batista; outros, Elias; e outros, Jeremias, ou um dos profetas.

18 Mateus 11:12-14. Desde os dias de João Batista até agora, o Reino dos Céus sofre violência, e os violentos se apoderam dele. Pois todos os profetas e a lei profetizaram até João. E, se quiserdes aceitar, ele é o Elias que havia de vir.

19 KARDEC, Allan. *O Evangelho Segundo o Espiritismo*. Campos dos Goytacazes/RJ: Editora Letra Espírita, 2023. Capítulo 4 - Ninguém poderá ver o Reino de Deus se não nascer de novo, item 8, p. 61.

que objetiva a expiação e o melhoramento progressivo da Humanidade, de modo que todos possam seguir o caminho da justiça.[20] Como a reencarnação dá ao homem a possibilidade de progredir e de resgatar seus equívocos de encarnações passadas, aprimorando sentimentos e superando conflitos, devemos aproveitar todas as oportunidades da vida para fazermos o nosso melhor, cooperando na obra de Deus.

4. Qual o sentido de "Não se pode servir a Deus e a Mamon"?

Ninguém pode servir a dois senhores; pois, ou odiará um e amará outro, ou se apegará a um e desprezará o outro. Não podeis servir ao mesmo tempo a Deus e a Mamon.[21]

A palavra Mamon vem da palavra hebraica *Mamom* que significa dinheiro, riquezas, bens materiais, representa a ganância e a avareza, um dos sete pecados capitais elegidos pelo catolicismo.[22]

Todo ser humano serve a algo ou a alguém. Todos possuímos um senhor a quem servimos com devoção. Jesus sabia disso e, ao usar a palavra Mamon, quis personificar as posses na figura de um outro senhor, que igualmente exige fidelidade de seus servos.

Todo ser humano sabe que a vida na Terra é temporária, que, em determinada data, iremos desencarnar. Todavia, poucos têm a exata noção de que não somos seres materiais, mas espirituais. Por desconhecerem essa verdade e a sua destinação maior, ocupam seu tempo e

20 KARDEC, Allan. *O Livro dos Espíritos*. Campos dos Goytacazes/RJ: Editora Letra Espírita, 2022. Q. 167. p. 102.

21 BÍBLIA ONLINE. *Lucas, 16:13*. Disponível em: https://www.bibliaonline.com.br/. Acesso em: 13/09/2023.

22 WIKIPÉDIA. *Mamon*. Disponível em: https://pt.wikipedia.org/wiki/Mamon. Acesso em: 15/02/2022.

suas energias para enriquecer e amealhar bens, para se sentirem vitoriosos e, também, para garantir uma velhice mais tranquila.

A riqueza individual, das famílias e mesmo das nações é relevante para o progresso material e moral da Humanidade, impulsionando as grandes descobertas científicas. Em verdade, a riqueza e o dinheiro são neutros, assim como a inteligência e o poder, e, dependendo da maneira que serão utilizados, é que se tornarão instrumentos de progresso ou de maldade.

Na passagem de Lucas, Jesus não condena a riqueza, mas vem ensinar que não devemos nos apegar excessivamente aos bens terrenos e ao dinheiro, pois nossa verdadeira riqueza é a espiritual. O Mestre orienta que não é possível a aquisição dos verdadeiros valores espirituais quando se dá importância demasiada ao dinheiro. *O Evangelho Segundo o Espiritismo*, em significativa abordagem do tema, orienta:

> [...] Ao fato, porém, de a riqueza tornar difícil a jornada, não se segue que a torne impossível e não possa vir a ser um meio de salvação para o que dela sabe servir-se, como certos venenos podem restituir a saúde, se empregados a propósito e com discernimento.[23]

Ao dizer: *ninguém pode servir a dois senhores*, Jesus está alertando o homem de que não deve ser escravo do mundo, sendo necessário trabalhar pelo desapego dos bens materiais, de modo a poder desenvolver as qualificações nobres e divinas do Espírito.

Não é possível amar e servir verdadeiramente a Deus quando vivemos para a conquista e a manutenção dos

23 KARDEC, Allan. *O Evangelho Segundo o Espiritismo*. Campos dos Goytacazes/RJ: Editora Letra Espírita, 2023. Capítulo 16 - Não se pode servir a Deus e a Mamon, item 7, p. 199.

bens terrenos. Estamos encarnados para progredir, incessantemente, nos aspectos moral e intelectual, sendo essa a real destinação de todos os seres.

Assim, precisamos fazer bom uso de tudo o que a vida nos propicia, mas com inteligência, bom senso, equilíbrio e, sobretudo, sem egoísmo. Como seria possível amarmos a Deus sem amarmos, da mesma maneira, seus filhos, sem partilharmos com o próximo o que dispomos? Enquanto não fizermos aos outros o que gostaríamos que nos fosse feito, não conseguiremos aplicar as máximas do Evangelho exemplificadas pelo Mestre.

Como seres imperfeitos que somos, vivemos em constante dicotomia. Se, por um lado, somos cristãos em aperfeiçoamento, desejosos de crescer, evoluir e fazer o bem ao nosso semelhante, seguindo os ensinos de Jesus, por outro lado, ainda somos atraídos fortemente pelo apego às coisas da Terra e pelo chamamento da matéria.

E, como não podemos servir a dois senhores, cabe-nos fazer uma escolha consciente e firme, para que, diante das seduções da matéria, consigamos nos manter firmes no propósito de vida eleito. É imperioso que nos esforcemos de verdade para pensar, sentir e agir segundo a Lei de Justiça, Amor e Caridade.

A prova da riqueza material, conforme ensinam os Espíritos, é uma das mais complexas. Kardec indaga aos Mentores sobre a questão pertinente à riqueza, perguntando: *"Estando o rico sujeito a maiores tentações, também não dispõe, por outro lado, de mais meios de fazer o bem?"* Respondem os Espíritos que *"é justamente o que nem sempre faz. Torna-se egoísta, orgulhoso e insaciável. Com a riqueza, suas necessidades aumentam e ele nunca julga possuir o bastante para si unicamente."*[24]

Jesus, em sua infinita sabedoria, já em seu tempo, sabia do grande perigo representado pelo apego material, situando-o como um dos entraves para que a criatura possa conquistar o Reino dos Céus. Absorto em pensamentos de glória e poder, o homem se apega aos bens materiais e se esquece da razão pela qual está na Terra, desinteressando-se pela vida futura.

Todavia, é óbvio que as portas do Mundo Espiritual não estão fechadas ao rico, e, conquanto não seja tarefa simples, é plenamente possível ao homem vencer a provação da riqueza.

Deve-se ter em mente que, para vencer qualquer prova, é necessário empenho na superação de nossas limitações. No caso da riqueza, precisamos trabalhar a generosidade. Não significa dar tudo o que se tem aos pobres e vagar pela miséria, uma vez que deixar de beneficiar pessoas para se tornar um peso para a sociedade não é meritório. A busca deve ser sempre o equilíbrio!

A pessoa abastada pode utilizar seus recursos de forma inteligente, promovendo o progresso e fazendo com que seus bens sejam motivos de evolução para outros.

Como exemplo, podemos mencionar o empresário preocupado em oferecer boas condições de trabalho e benefícios às famílias dos seus empregados; o rico, que investe em pesquisas objetivando a cura de certas enfermidades; o investimento em instituições sociais e de caridade, auxiliando o crescimento de um belo trabalho junto às comunidades carentes etc.

---

24 KARDEC, Allan. *O Livro dos Espíritos*. Campos dos Goytacazes/RJ: Editora Letra Espírita, 2022. Q. 816. p. 296.

Enfim, são diversas as possibilidades de bom uso do dinheiro, não permitindo que o homem seja escravizado por ele, bastando olhar ao seu entorno e procurar, verdadeiramente, oportunidades para auxiliar na construção do bem e da dignidade humana, fazendo-se exemplo de conduta reta e dignificante.

Lembremos que a riqueza é um empréstimo de Deus, e que o indivíduo terá que prestar contas no fim de sua existência física, especialmente no tocante ao uso que haja realizado em benefício da coletividade. Por oportunas, vejamos as exortações do Benfeitor Emmanuel, quando diz:

> Todos os homens são ricos pelas bênçãos de Deus e cada qual deve aproveitar, com êxito, os "talentos" recebidos, porquanto, sem exceção de um só, prestarão um dia, além-túmulo, contas de seus esforços.[25]

Dediquemo-nos ao Mestre, Ele é nosso maior exemplo. Conseguiu viver no mundo sem pertencer ao mundo. Usufruiu dos benefícios que a vida na matéria proporciona, mas segundo os valores espirituais, compreendendo que tudo provém do Pai e em nome d'Ele deve ser utilizado.

5. Qual o sentido de "Que a vossa mão esquerda não saiba o que dá a vossa mão direita"?

Guardai-vos de fazer vossas boas ações diante dos homens, para serdes vistos por eles. Do contrário, não recebereis a recompensa de vosso Pai que está nos céus. Pois quando derdes esmola, não façais soar a trombeta em

25 XAVIER, Francisco Cândido. *O Consolador*. Pelo Espírito Emmanuel. [s.l.}: L. Neilmoris, 2009. Questão 57. p. 26.

público, como fazem os hipócritas nas sinagogas e nas ruas, para serem glorificados pelos homens. Em verdade eu vos digo que eles já receberam sua recompensa. Mas quando derdes esmola, que vossa mão esquerda não saiba o que faz a direita, a fim de que a esmola fique em segredo; e vosso Pai, que vê o que se passa em segredo, dar-vos-á a recompensa.[26]

O sentido maior das palavras sobreditas é que devemos fazer o bem sem ostentação, escondendo a mão que auxilia. É a beneficência modesta, pois o verdadeiro bem não espera nada em troca. Renuncia ao testemunho da Terra e aguarda só a aprovação de Deus.

Para que possamos entender plenamente o porquê das palavras de Jesus, precisamos nos elevar acima da matéria e da vida presente, identificando-nos com a vida futura e aprendendo sobre as coisas espirituais.

Aquele que vive só para a vida material e seus prazeres efêmeros não compreende a mensagem de Jesus. Qual o motivo de realizar a caridade às escondidas? Pensa que é natural e até mesmo esperado divulgar o bem que faz, na ânsia de ser aplaudido e considerado alguém bom e que ajuda quem precisa.

Acredita ser um exemplo de caridade e de bondade, podendo inclusive ser imitado, se tiver suas atitudes divulgadas. Não percebe que agindo assim já recebeu sua recompensa, pois o que o motiva não é o sentimento da verdadeira caridade, mas o de egoísmo e orgulho. No fundo, deseja o reconhecimento dos homens, não o de Deus.

Deus sabe exatamente o que se passa no íntimo dos nossos corações, muito mais do que nós mesmos, tendo pleno conhecimento daquilo que nos move. Sabe se o

---

26 BÍBLIA ONLINE. *Mateus 6:1-4*. Disponível em: https://www.bibliaonline.com.br/. Acesso em: 13/09/2023.

nosso real desejo é fazer o bem ao próximo, sem esperar retribuição, ou só alimentar nossa vaidade e nosso orgulho.

O Espírito São Vicente de Paulo traz oportunas orientações sobre o tema caridade, na *Revista Espírita* de 1858. Em certo momento, é questionado por Kardec se têm algum mérito aqueles que dão por ostentação, considerando exatamente as palavras de Jesus "*Que a vossa mão direita não saiba o que faz a esquerda*". Responde o Benfeitor que "*têm apenas o mérito do orgulho, pelo qual serão punidos*"[27].

Quando se tem o conhecimento da imortalidade da alma e de que a vida na Terra é temporária, deixa-se de viver para obter o reconhecimento e as glórias do mundo, passando-se a anelar pelas graças divinas. Entende-se a necessidade de fazer o bem sem ostentação e sem esperar qualquer aplauso dos homens, pois só o reconhecimento de Deus importa.

Os ensinamentos de Jesus passam a constituir a meta pessoal do ser, que busca agir sem qualquer sentimento de vaidade, orgulho ou ambição. Tal postura é indício de grande superioridade moral. Quando o homem alcança esse nível de entendimento, faz o bem espontaneamente, sem calcular ganhos, sem nem mesmo perceber que está praticando a caridade, pois é algo natural do seu ser.

É capaz de renunciar sem dificuldades ao prazer que pode advir do reconhecimento dos homens e aguarda somente a aprovação de Deus. A prática dessa caridade traz ao Espírito paz e uma agradável sensação de dever cumprido, demonstrando sincera gratidão ao Pai pela simples oportunidade de servir.

27 REVISTA ESPÍRITA, 1858. Agosto. *A caridade*. Pelo Espírito de S. Vicente de Paulo. Disponível em: https://www.ipeak.net/pt/680. Acesso em: 31/03/2023.

Allan Kardec, tecendo considerações sobre a caridade anônima na *Revista Espírita* de 1863, assevera:

> Sem dúvida o mal ainda domina, mas quando se procura na sombra, verifica-se que sob a erva daninha há mais violetas, isto é, maior número de boas almas do que se espera. Se elas aparecem tão esparsas, é que a verdadeira virtude não se põe em evidência, por ser humilde. Ela se contenta com os prazeres do coração e com a aprovação da consciência, ao passo que o vício se manifesta afrontosamente, em plena luz. Ele faz barulho, porque é orgulhoso.[28]

Lembremos, ainda, da falsa modéstia no ato de fazer o bem e daqueles que fazem pesar seus benefícios sobre o beneficiado. No primeiro caso, a pessoa esconde a mão que dá, mas, ao mesmo tempo, tem o cuidado de se deixar ser vista. Nesses casos, sua recompensa, igualmente, já foi alcançada, pois foi percebida, como queria. Nada mais deve esperar de Deus.

O segundo exemplo ocorre quando a pessoa auxilia, mas de alguma forma cobra a ajuda, seja por meio da imposição de atitudes de reconhecimento ou exaltando os esforços que fez para empreender a caridade. Acaba convertendo o serviço em esmola e humilha quem recebe, não fazendo o bem pelo bem.

É o caso, por exemplo, de pais que reclamam de parceiros por aquilo que fazem aos filhos, cobrando certas ações em troca do que fizeram ou fazem. Agimos assim cotidianamente e nem nos damos conta. Para esses não existe nem mesmo a recompensa terrena. Kardec assevera:

> [...] Para esse, nem mesmo a recompensa terrestre existe, porquanto ele se vê privado da

28 REVISTA ESPÍRITA., 1863. Outubro. *Benfeitores anônimos*. Disponível em: https://www.ipeak.net/pt/5514. Acesso em: 03/04/2023.

grata satisfação de ouvir bendizer-lhe do nome e é esse o primeiro castigo do seu orgulho. As lágrimas que seca por vaidade, em vez de subirem ao Céu, recaíram sobre o coração do aflito e o ulceram. Do bem que praticou nenhum proveito lhe resulta, pois ele o deplora, e todo benefício deplorado é moeda falsa e sem valor.[29]

Quando fazemos a caridade movidos pelo sentimento do verdadeiro amor, sem ferirmos a sensibilidade e o amor-próprio daquele que é beneficiado, sabendo ocultar o auxílio com delicadeza, desinteresse e palavras amigas, estamos dando exemplo da verdadeira caridade.

O Evangelho Segundo o Espiritismo ensina, também, que *"a verdadeira generosidade adquire toda a sublimidade, quando o benfeitor, invertendo os papéis, acha meios de figurar como beneficiado diante daquele que presta o serviço"*[30].

Trazemos, a título de exemplo, uma das muitas outras histórias que ouvimos sobre Francisco Cândido Xavier. Embora não tenhamos encontrado a fonte da informação, a fim de comprovarmos sua veracidade, resolvemos trazê-la por entendermos ser perfeitamente condizente com a bondosa personalidade do médium. Contudo, em não sendo real, serve-nos como sugestão para melhor praticarmos as palavras de Jesus.

Segundo consta, havia um grupo comandado por Chico que se preparava para levar algumas doações, como alimentos e outras necessidades básicas, a uma família que passava por muitas dificuldades.

---

29 KARDEC, Allan. *O Evangelho Segundo o Espiritismo*. Campos dos Goytacazes/RJ: Editora Letra Espírita. 2023. Capítulo 13 - Não saiba a vossa mão esquerda o que dê a vossa mão direita, item 3, p. 162.

30 KARDEC, Allan. *O Evangelho Segundo o Espiritismo*. Campos dos Goytacazes/RJ: Editora Letra Espírita. 2023. Capítulo 13 - Não saiba a vossa mão esquerda o que dê a vossa mão direita, item 3, p. 163.

Ao chegarem perto da residência da família, verificaram grande movimentação nas casas vizinhas. Vendo isso, Chico solicitou aos companheiros do grupo que não entrassem pela porta da frente, mas que dessem a volta na casa e buscassem a porta dos fundos.

Quando questionado do motivo dessa orientação, por ser mais fácil e prático entrarem pela porta da frente, o médium teria respondido, em sua simplicidade característica, que os vizinhos não precisavam saber que a família estava passando por dificuldades. Era preciso que fossem discretos para não os constranger.

Vemos, nesse singelo exemplo, a vivência clara e real da mensagem de Jesus. Assim devemos agir, meditando profundamente sobre o que nos move quando resolvemos praticar a caridade ou mesmo apoiar uma causa. Fazer alguns questionamentos pode nos auxiliar nessa reflexão.

Será realmente um desejo sincero de ser útil ou só a satisfação do meu orgulho e da minha vaidade? Qual a melhor forma de ajudar? Estou tendo o cuidado de não expor pessoas nem de criar situações constrangedoras aos beneficiados? Será mesmo necessário ao apoio dessa causa divulgar nomes e a história das pessoas envolvidas? Elas não preferem manter tal situação em sigilo?

Em certos momentos, no intuito de ajudar, mas sem o exame devido, podemos criar sérios problemas aos envolvidos. Excedemos o limite do aceitável. Nessas situações há também orgulho e vaidade, embora disfarçados de pretensa vontade de auxiliar.

De outro modo, há situações em que avaliamos se devemos comentar acerca de algo que tenhamos feito em benefício de alguém ou de alguma instituição, exatamente pelo receio de sermos mal interpretados.

Nem sempre a ação de divulgar objetiva ostentar, mas prestar contas de um trabalho realizado, principalmente quando o recurso advém de doações de terceiros, ou, ainda, no intuito de conseguir novos parceiros para um projeto beneficente. Em realidade, tudo está na intenção, sendo isso devidamente avaliado por Deus, não o ato em si, unicamente.

Importa não seguirmos iludidos em relação às próprias torpezas. Quanto antes olharmos para dentro de nós mesmos, melhor. Mais rapidamente poderemos envidar esforços para o combate às imperfeições e para o trabalho íntimo de ascensão espiritual.

6. Qual o sentido de "Buscai e achareis"?

Pedi e vos será dado; buscai e achareis; batei à porta e vos será aberta; pois todo o que pede recebe, o que busca acha, e ao que bate se lhe abrirá. Que homem entre vós dará uma pedra a seu filho, se ele lhe pedir pão? Ou se pedir peixe, dar-lhe-á uma serpente? Portanto, se vós que sois maus sabeis dar boas coisas a vossos filhos, quanto mais vosso Pai que está nos céus dará os verdadeiros bens aos que lhe pedem![31]

E eu vos digo a vós: Pedi, e dar-se-vos-á; buscai, e achareis; batei, e abrir-se-vos-á; porque qualquer que pede recebe; e quem busca acha; e a quem bate abrir-se-lhe-á. E qual o pai de entre vós que, se o filho lhe pedir pão, lhe dará uma pedra? Ou, também, se lhe pedir peixe, lhe dará por peixe uma serpente? Ou, também, se lhe pedir um ovo, lhe dará um escorpião? Pois se vós, sendo maus, sabeis dar boas

31 BÍBLIA ONLINE. *Mateus 7:7-11*. Disponível em: https://www.bibliaonline.com.br/. Acesso em: 13/09/2023.

dádivas aos vossos filhos, quanto mais dará o Pai celestial o Espírito Santo àqueles que lho pedirem?[32]

Com tais orientações, o Mestre ensina que precisamos persistir na oração, dizendo-nos que não devemos desanimar, pois nisso também reside a prova de nossa sinceridade.

Diz *O Evangelho Segundo o Espiritismo* que essa máxima é similar ao "*ajuda-te a ti mesmo, que o céu te ajudará*"[33], destacando o imperativo da Lei do Trabalho para o progresso do homem e de toda a Humanidade. Ao procurar meios para melhorar sua vida e sua condição de sobrevivência na Terra, desenvolve a inteligência e depura a moral.

Deus não nos poupa do trabalho, sendo esse o meio pelo qual saímos da infância espiritual, do estado de instinto animal e progredimos. Em verdade, se fôssemos isentos do trabalho, nossos membros naturalmente iriam se atrofiar por falta de uso.

Se percebermos bem, não raro, queremos receber as graças divinas gratuitamente, sem esforço, por conta do egoísmo que ainda impera em nossos corações. O Pai, sabendo aquilo que necessitamos para evoluir, não acede aos nossos pedidos imaturos.

Deus é um Pai de amor e de infinita bondade, nada dando de ruim aos seus filhos. Ele jamais nos deixa ao desamparo, mas nos fornece exatamente o necessário para crescermos fortes e sadios, tanto no aspecto físico, como no mental e no espiritual.

Diante dos diversos acontecimentos e das vivências da vida cotidiana, somos confrontados com situações de-

---

32 *BÍBLIA ONLINE*. Lucas 11:9-13. Disponível em: https://www.bibliaonline.com.br/. Acesso em: 13/09/2023.

33 KARDEC, Allan. *O Evangelho Segundo o Espiritismo*. Campos dos Goytacazes/RJ: Editora Letra Espírita. 2023. Capítulo 25 - Buscai e achareis, item 2, p. 275.

safiadoras, com as quais nem sempre sabemos como lidar. Nesses momentos, buscamos o auxílio do invisível para assuntos que, muitas vezes, precisam ser enfrentados e solucionados por nosso esforço próprio.

O homem tem esperado auxílio para tudo, desde uma colocação profissional no mercado de trabalho até a solução de problemas afetivos. É imperativo, entretanto, estarmos atentos àquilo que nos cabe realizar. O auxílio do Pai é constante e se faz presente de variadas formas, mas ocorre no momento oportuno e da maneira como necessitamos e não exatamente como pedimos.

É preciso buscar, trabalhar e agir para, posteriormente, achar. As pesquisas, as descobertas, as invenções e o desenvolvimento da ciência não chegarão à Humanidade prontos e acabados, mas serão sempre fruto do nosso empenho.

Os Espíritos nos inspiram, mas quem deve realizar o trabalho somos nós. Sobre o pedir, o procurar e o bater, trazemos as oportunas observações de Frederico Kremer, quando assevera:

> Pedir é o pensamento e desejo. Procurar é o pensamento transformado pela vontade em projeto e objetivo. Bater é o objetivo que se transforma em ação. Assim, não basta pedir em oração. Precisamos ter como objetivo e prioridade a nossa renovação interior, como também colocarmos em ação o nosso objetivo. Assim, o nosso pedido estará integrado num contexto positivo que facilita a própria ajuda do Alto.[34]

Como ensina *O Evangelho Segundo o Espiritismo*, "*serás filho das tuas obras, terás delas o mérito e serás re-*

34 KREMER, Frederico Guilherme da Costa. *Jesus de Nazaré: uma narrativa da vida e das parábolas*. 1. ed. Brasília: FEB, 2016. Capítulo 18. A parábola do amigo inoportuno. p. 181.

compensado de acordo com o que hajas feito".[35] Possuímos os recursos, as possibilidades e as qualificações materiais e espirituais necessárias para superarmos os desafios da vida e conseguirmos o completo desenvolvimento do intelecto e da moral.

Não estamos abandonados à própria sorte. Estejamos atentos para perceber o auxílio de Deus e, principalmente, o modo como Ele se faz presente em nossas vidas. Com trabalho, esforço pessoal e usando as faculdades que possuímos, conseguiremos alcançar tudo, recebendo o devido auxílio, mas sem dependência.

Jesus escolhe três exemplos na parábola. Pergunta: *se o filho pedir pão, o pai dar-lhe-á uma pedra? Se o filho pedir um peixe, o pai dar-lhe-á uma serpente? Se o filho pedir um ovo, o pai dar-lhe-á um escorpião?* Com essas palavras, o Mestre ensina que Deus não age com traição ou armadilhas para com seus filhos.

O Pai responde aos nossos apelos sempre com o melhor para nós. Se até os pais terrenos amam seus filhos e cuidam deles, ofertando-lhes o que precisam, quanto mais Deus, Pai misericordioso e bom.

Quando pedimos, humildemente, força para resistirmos ao mal, luz para termos a nossa caminhada iluminada, assistência para vencermos nossas más inclinações e boas inspirações para encontrarmos a melhor maneira de solucionar os problemas, nunca deixaremos de ser auxiliados. Encontraremos sempre o *achareis*.

Entendendo como ajudarmos a nós mesmos e compreendendo melhor o amparo divino, encontraremos forças para lutar e solucionar as dificuldades da nossa existência. Com isso, seguiremos vitoriosos para Deus.

---

35 KARDEC, Allan. *O Evangelho Segundo o Espiritismo*. Campos dos Goytacazes/RJ: Editora Letra Espírita. 2023. Capítulo 25 - Buscai e achareis, item 3, p. 276.

7. Qual o sentido de "Não separeis o que Deus juntou"?

Os fariseus também vieram até ele, para tentá-lho, e lhe disseram: É permitido a um homem repudiar sua mulher, por qualquer motivo que seja? Ele lhes respondeu: Não lestes que aquele que criou o homem, criou-os desde o princípio macho e fêmea, e que disse: Por essa razão o homem deixará seu pai e sua mãe, e se unirá à sua mulher, e os dois serão uma só carne? E assim não são mais dois, mas uma só carne. Portanto, que o homem não separe o que Deus juntou.

E eles lhe retrucaram: Mas então por que Moisés ordenou que se desse carta de divórcio à mulher, e que se a repudiasse? Ele lhes respondeu: É por causa da dureza de vosso coração que Moisés vos permitiu repudiar vossas mulheres; mas não foi assim desde o princípio. E também vos declaro que todo aquele que repudiar sua mulher, se não for em caso de adultério, e desposar uma outra, comete adultério; e que aquele que desposar a mulher que um outro houver repudiado, também comete adultério.[36]

O casamento, segundo nos ensina a Doutrina Espírita, pode ser definido como a união de dois Espíritos, objetivando o aperfeiçoamento espiritual de ambos, embora possam estar em estágios evolutivos diversos. A instituição casamento é regida por duas leis: a civil, humana e temporária; e a Divina, eterna e imutável.

Jesus, nessa passagem evangélica, condena a dissolução das uniões quando baseadas na Lei de Deus e fundadas no bem e no amor, não se referindo aos casamentos movidos por outros interesses e pela lei mutável dos homens, como as relações pautadas em vínculos sexuais e financeiros. Nessas não existem laços espirituais entre os

36 BÍBLIA ONLINE. *Mateus 19:3-9*. Disponível em: https://www.bibliaonline.com.br/. Acesso em: 13/09/2023.

cônjuges, imutável *"só há o que vem de Deus. Tudo o que é obra dos homens está sujeito a mudança"*.[37]

As palavras do Mestre são, portanto, endereçadas às uniões conjugais baseadas no sentimento nobre do amor, nas quais a felicidade do outro é a nossa também. Mesmo que o parceiro tenha imperfeições, o amor não finda, os Espíritos continuam juntos e se querendo bem. Existe afeição verdadeira e recíproca, não havendo espaço para o adultério. É isso que se deve entender por *os dois serão uma só carne.*

Os casamentos baseados em interesses e em conveniência, de outro modo, estarão sujeitos unicamente às leis civis e humanas, resultantes dos costumes e das necessidades do povo em determinada época. *"Nem a lei civil, porém, nem os compromissos que ela faz se contraiam pode suprir a Lei de Amor, se esta não preside a união, resultando, frequentemente, separarem-se por si mesmos os que à força e uniram [...]"*[38]

As normas civis são, portanto, temporárias, mudam conforme o tempo, a inteligência, o lugar e os interesses. Com o tempo e o progresso moral da Humanidade, as leis civis serão um resultado da Lei de Deus, a ela se adequando.

Diante disso, a Espiritualidade afirma que a indissolubilidade absoluta do casamento não está na Lei da Natureza e sim na dos homens, sendo mesmo *"muito contrária à da Natureza"*. Podem ser plenamente modificadas pela Humanidade, pois, imutáveis só mesmo as Leis de Deus.[39]

37 KARDEC, Allan. *O Evangelho Segundo o Espiritismo*. Campos dos Goytacazes/RJ: Editora Letra Espírita. 2023. Capítulo 22 - Não separeis o que Deus juntou, item 2, p. 255.

38 KARDEC, Allan. *O Evangelho Segundo o Espiritismo*. Campos dos Goytacazes/RJ: Editora Letra Espírita. 2023. Capítulo 22 - Não separeis o que Deus juntou, item 3, p. 256.

39 KARDEC, Allan. *O Livro dos Espíritos*. Campos dos Goytacazes/RJ: Editora Letra Espírita, 2022. Q. 697. p. 262.

Foi isso que Jesus quis dizer quando declarou: é por causa da dureza de vosso *coração que Moisés vos permitiu repudiar vossas mulheres*. Desde essa época, se a afeição mútua não fosse o verdadeiro objetivo da união, a separação podia ser necessária, pois não seria um casamento unido por Deus.

Nos primórdios da Humanidade não era assim, pois o homem ainda não estava contaminado com o egoísmo e o orgulho, ainda vivia segundo as Leis de Deus e as uniões eram baseadas na simpatia e na afinidade entre os Espíritos. Com o desenvolvimento da inteligência, vieram a vaidade e a ambição, fazendo com que os seres tivessem os sentimentos corrompidos, dando ensejo às relações pautadas nos interesses. Por isso Jesus afirmou: *mas não foi assim desde o princípio*.

A posição da Espiritualidade demonstra que o Espiritismo não é contrário à instituição do divórcio, embora não estimule ou incite os casais com problemas de relacionamento a tomarem essa decisão. Sobre o tema, é significativo observar *O Evangelho Segundo o Espiritismo*, quando afirma:

> Um dia perguntar-se-á o que é mais humano, mais caridoso, mais moral: se encadear um ao outro dois seres que não podem viver juntos, se restituir-lhes a liberdade; se a perspectiva de uma cadeia indissolúvel não aumenta o número de uniões irregulares. O divórcio é lei humana que tem por objeto separar legalmente o que já, de fato, está separado. Não é contrário à Leid de Deus, pois que apenas reforma o que os homens hão feito e só é aplicável nos casos em que não se levou em conta a Lei Divina”. [40]

40 KARDEC, Allan. *O Evangelho Segundo o Espiritismo*. Campos dos Goytacazes/RJ: Editora Letra Espírita. 2023. Capítulo 22 - Não separeis o que Deus juntou, itens 4 e 5, p. 257.

O Espírito André Luiz, em *Evolução em dois mundos*, reforça que não é indicado facilitar ou estimular o divórcio entre as criaturas, pois não existem uniões, sejam legalizadas ou não, sem vínculos profundos no campo da responsabilidade assumida pelos cônjuges.[41]

Não se pode dizer que o casamento é indissolúvel, até porque separar o que Deus uniu é bem diferente de separar aquilo que é unido pelos instintos inferiores, ou seja, o problema sério do casamento é a sintonia por afinidade espiritual, de modo que, aqueles unidos por amor verdadeiro, nada separa, nem mesmo a desencarnação, continuando os Espíritos juntos por vibrações espirituais.

No relacionamento entre os cônjuges, o Espírito Martins Peralva, no livro *Estudando a Mediunidade*, destaca diferenças espirituais relevantes e classifica o casamento em cinco tipos: acidentais, provacionais, sacrificiais, afins (afinidade superior) e transcendentes.[42] Vejamos cada um deles.[43]

Os acidentais são aqueles decorrentes de um encontro de almas com pouca evolução, *almas inferiorizadas*, atraídas momentaneamente e sem identificação de ascendência espiritual.

Podemos identificar esse tipo de casamento entre pessoas que se encontram, mas não apresentam comprometimento espiritual anterior, não sendo tal união programada pela Espiritualidade para acontecer na

41 XAVIER, Francisco Cândido; VIEIRA, Waldo. *Evolução em dois mundos*. Espírito André Luiz. [s.l.]: L. Neilmoris, 2008. p. 122.

42 XAVIER, Francisco Cândido. *Estudando a mediunidade*. Pelo Espírito Martins Peralva. [s.l.]: FEB, [2009?]. p. 135.

43 Nota da Autora. O tema abordado consta originalmente da obra *A morada dos Espíritos e suas leis*, na pergunta de número 50, "Quais os tipos de casamento segundo a Doutrina Espírita?". Todavia, consideramos adequado trazê-lo novamente a este livro para fins de melhor compreensão do tema e contextualização.

vida atual, decorrendo de imprevisto e casualidade. Atualmente, esse casamento ainda é muito comum.

Alguns dos fatores que levam a esse tipo de casamento são: a atração momentânea, na qual predomina a sensualidade; os interesses pessoais e/ou financeiros, fator muito conhecido em todas as épocas da Humanidade; e fuga do lar, em decorrência de dificuldades domésticas.

Podemos mencionar, também, as uniões impostas, como as ocasionadas pela gravidez fortuita, por exemplo; as uniões geradas pela vaidade, isto é, pela necessidade de se casar para se sentir bem, para mostrar à sociedade; e as uniões em consequência da luxúria e de todos os instintos inferiores ainda presentes na Humanidade terrena.

Nos casamentos provacionais, observamos um reencontro de Espíritos para reajustamento, condição indispensável à evolução de ambos. São os mais frequentes em um mundo considerado de provas e expiações, como a Terra.

Nesses, são comuns as dificuldades de relacionamento entre os cônjuges, a desarmonia, a desconfiança e tantos outros conflitos morais, podendo mesmo, se não devidamente trabalhados, causar tragédias familiares.

O casamento provacional decorre da Misericórdia Divina, que oportuniza o cumprimento da Lei de Causa e Efeito por meio de um convívio diário com aqueles corações compromissados, contribuindo para aflorar o perdão, o amor sincero e fraternal nas lutas comuns da vida.

Para a conquista dos objetivos almejados, esses casamentos são planejados na Espiritualidade e constam no plano reencarnatório. A Espiritualidade Superior trabalha para que os Espíritos possam se encontrar e se apaixonar, sendo *magnetizados* e *hipnotizados*, pode-se assim dizer, permitindo encantarem-se um pelo outro, sem a interferência e a lembrança das antipatias do passado.

Sem a caridosa contribuição do Plano Superior, o antagonismo do pretérito, mesmo que de modo intuitivo, se faria presente, não permitindo a atração entre os Espíritos e o casamento provacional. A Espiritualidade, portanto, une esses corações para que transformem, pelo convívio diário, a animosidade do passado em laços de fraternidade e de amor.

Posteriormente ao matrimônio, o encantamento inicial vai se fragilizando ante as lembranças inconscientes do passado, as quais começam a aflorar e a desarmonizar o lar, dando início às dificuldades de relacionamento, tornando-se necessárias as vivências do Evangelho, a boa vontade, a tolerância e a resignação para que a união prospere.

Lembremos que, quando as afinidades do sentimento não estão presentes, o casamento na Terra é tão somente um serviço redentor.[44] O Espiritismo, pelo esclarecimento trazido, auxilia sobremaneira as uniões de caráter provacional, permitindo aos indivíduos encontrarem força espiritual para continuarem caminhando para o bem e para o resgate de suas faltas.

Martins Peralva nos fala também dos casamentos sacrificiais, que ocorrem quando o Pai consente um *"reencontro de alma iluminada com alma inferiorizada"*, com o objetivo de redimir aquela que se equivocou durante a caminhada, havendo assim a aproximação de almas espiritualmente opostas, uma mais esclarecida voluntariando-se para auxiliar a retardatária na ascensão espiritual, sendo por isso mesmo um sacrifício.

---

44 XAVIER, Francisco Cândido. *Nos Domínios da Mediunidade.* Pelo Espírito André Luiz. XAVIER. [s.l.]: Luz Espírita. 2011. p. 68.

Nessa situação, a alma iluminada retorna com aquele coração amado para, através do amor, do exemplo, da renúncia e da resignação, estimular-lhe a caminhada para Deus.

Uma alma já se encontra iluminada pelas lutas redentoras, mas a outra ainda precisa da luz para deixar as trevas, sendo o Evangelho o caminho que as conduz durante essa jornada evolutiva, estimulando a harmonia e o amor fraternal.

Os chamados casamentos afins são aquelas uniões decorrentes da Lei de Afinidade, quando Espíritos amigos se reencontram para a consolidação de afetos.

Verifica-se aqui a reunião de almas mais esclarecidas espiritualmente e que se afinam no amor, na amizade e na comunhão com as Leis Divinas, cujo casamento permite a consolidação dos laços de afeição. Na Terra, pela condição ainda muito imperfeita de seus habitantes, o número de casamentos afins é bem mais reduzido, mas não deixa de existir.

Já os transcendentes, bem mais raros, se comparados com os afins, decorrem de *"almas engrandecidas no bem e que se buscam para realizações imortais"*, segundo se verifica na sequência das observações feitas por Martins Peralva.

Podemos afirmar que o reencontro desses Espíritos se dá, no plano material, objetivando realizações em prol da Humanidade, com propósito superior, muito além dos nossos interesses pessoais e egoístas.

Esses Espíritos, pela evolução já alcançada, buscam e trabalham pelo bem, trazendo felicidade muito acima das paixões e das vulgaridades terrenas, pois decorrem de um amor puro e verdadeiro.

Durante a nossa caminhada evolutiva, será natural passarmos todos, em algum momento, pelos diversos tipos de casamento. Normalmente, fica-se bom tempo vivenciando os primeiros tipos até haver merecimento para se desfrutar, no plano material, de união construída com base na afinidade superior ou no amor transcendental.

Nos casamentos transcendentais e afins, por serem estáveis e baseados no amor, não há divórcio ou mesmo relações extraconjugais, assim como da parte da alma iluminada da união sacrificial. O casamento, assim, significa uma oportunidade sublime de reajuste e, em menor incidência, a consolidação de laços de afinidade e de amor.

8. Qual o sentido de "Não vim trazer a paz, mas a espada"?

Não penseis que vim trazer a paz à Terra. Não vim trazer a paz, mas a espada. Pois vim separar o homem do pai, a filha da mãe, e a nora da sogra; assim, os inimigos do homem serão os da sua própria casa.[45]

Eu vim lançar fogo à Terra, e como desejava que já estivesse aceso! Devo receber um batismo, e como me angustio para que ele se cumpra! Acreditai que vim trazer a paz à Terra? Não, eu vos asseguro, mas a divisão. Pois doravante, se se encontram cinco pessoas numa casa, serão divididas umas contra as outras: três contra duas e duas contra três. O pai estará contra o filho, e o filho contra o pai; a mãe contra a filha, e a filha contra a mãe; a sogra contra a nora, e a nora contra a sogra.[46]

Na passagem evangélica, Jesus afirma que sua doutrina, em decorrência das oposições que enfrentaria e das

45 BÍBLIA ONLINE. *Mateus 10:34-36*. Disponível em: https://www.bibliaonline.com.br/. Acesso em: 13/09/2023.

46 BÍBLIA ONLINE. *Lucas 12:49-53*. Disponível em: https://www.bibliaonline.com.br/. Acesso em: 13/09/2023.

lutas que precisaria suportar para vigorar no planeta, não se estabeleceria de forma pacífica.

De modo algum devemos imaginar que os conflitos, a confusão e a cólera fossem comportamentos desejados e premeditados pelo Cristo. O mal viria, sim, mas não d'Ele, dos homens unicamente.

As palavras em exame realmente foram pronunciadas pelo Mestre, mas, se o intérprete não souber extrair o espírito da letra, compreendendo-as em seu sentido literal, dará causa à antagonismos errôneos, em completa ausência de consonância com a mensagem evangélica.

A ideia trazida pelo Mestre era nova e contrariava interesses da época, em especial os dos fariseus, dos escribas e dos sacerdotes. Condenava os abusos por eles perpetrados. As crenças que há séculos defendiam, mais por interesse que por crença, eram derrubadas por Jesus, neles encontrando assim forte oposição.

Temiam que o povo visse a luz da verdade e com isso perdessem as honrarias e os privilégios usufruídos há tanto tempo. Por isso mataram Jesus, na esperança de que suas ideias com Ele também morressem. Não foi o que aconteceu.

Assevera *O Evangelho Segundo o Espiritismo* que a resistência é *"sempre proporcional à importância dos resultados previstos"*[47]. Quanto maior a emoção que cause e a violência dirigida contra ela, maior será sua relevância e sua capacidade de transformação.

Ainda hoje vemos o homem levantar a espada contra o seu irmão, em guerras físicas e morais movidas pelo orgulho, pelo egoísmo e pela vaidade. Nada disso foi desejado por Jesus, embora tenha sido por Ele previsto.

---

47 KARDEC, Allan. *O Evangelho Segundo o Espiritismo.* Campos dos Goytacazes/RJ: Editora Letra Espírita. 2023. Capítulo 23 - Estranha moral, item 12, p. 263.

Não sendo culpa da sua doutrina, que é toda de amor e de bondade. Explica *O Evangelho Segundo o Espiritismo*:

> Não creais que a minha doutrina se estabeleça pacificamente; ela trará lutas sangrentas, tendo por pretexto o meu nome, porque os homens não me terão compreendido, ou não e terão querido compreender".[48]

Toda essa divergência de interesses e de opiniões fariam com que membros de uma mesma família entrassem em conflito, o homem com o pai, a filha com a mãe, a nora com a sogra. Os homens veriam como inimigos seus próprios parentes. Estando separados uns dos outros por suas crenças, levantariam a espada e guerreariam, trazendo ainda mais divisão.

Quando há mudança de atitudes e de pensamentos, o comportamento é outro, surge um homem renovado e com hábitos positivos. Entre aqueles que não compreendem esse processo, a mudança trará naturalmente dissensões nas relações pessoais. É a divergência comumente observada entre pessoas que pensam diferente.

Somente quando o ser é esclarecido acerca das verdades espirituais consegue administrar com serenidade e humildade tais desavenças. Usando do perdão, da bondade e da renúncia, mantém o equilíbrio do lar e auxilia os demais a igualmente superarem os obstáculos e crescerem.

O *eu vim lançar fogo à Terra* significa o processo de depuração pelo qual o planeta precisaria passar. O fogo limpa e renova. Jesus aqui esteve para nos oportunizar a limpeza. Ao afirmar *e como desejava que já estivesse aceso*,

---

48 KARDEC, Allan. *O Evangelho Segundo o Espiritismo*. Campos dos Goytacazes / RJ: Editora Letra Espírita. 2023. Capítulo 23 - Estranha moral, item 16, p. 265.

quis dizer como seria bom se essa renovação já estivesse acontecendo. É o que ensina ainda *O Evangelho Segundo o Espiritismo*, ao asseverar:

> Vim lançar fogo à Terra para expungi-la dos erros e dos preconceitos, do mesmo modo que se põe fogo a um campo para destruir nele as ervas más, e tenho pressa de que o fogo se acenda para que a depuração seja mais rápida, visto que do conflito sairá triunfante a verdade.[49]

Embora muito mal tenha sido cometido em nome do Cristianismo, ele saiu puro. Reconhece que a censura não pode ser imputada à Humanidade. A responsabilidade é tão somente do homem, que abusou do Cristianismo e o interpretou equivocadamente, tornando-o instrumento de dominação.

Além da interpretação acima, outra bem significativa também pode ser observada. A guerra não seria externa, mas interna e pessoal, pois sabemos que a grande luta nunca é com os outros, mas conosco mesmos.

Jesus refere-se à guerra que cada um de nós precisaria travar dentro do seu próprio coração, cortando à espada as imperfeições e os erros, que são os verdadeiros inimigos do ser humano.

A *própria casa* não seria meramente a externa, mas a íntima também. O nosso coração entra em conflito para que o homem velho seja destruído e um novo, mais belo e harmonioso, surja.

Ao estarmos diante de novos ensinamentos, o aprendizado acontece, mas nem sempre de forma tranquila, sendo comum vir acompanhado de conflitos íntimos que acabam por gerar dissensões, externas e internas. A

49 KARDEC, Allan. *O Evangelho Segundo o Espiritismo*. Campos dos Goytacazes/RJ: Editora Letra Espírita. 2023. Capítulo 23 - Estranha moral, item 16, p. 265.

partir dessas, surge o homem regenerado. Portanto, sob o impacto da dor e da espada, nasce o amor.

A espada, mencionada nas escrituras, ainda pode apresentar uma terceira significação: a cruz. Símbolo do Cristianismo, a cruz no Gólgota revela a vitória do bem contra o mal, da paz contra a guerra. Demonstra que é possível a regeneração de todos nós por meio de renúncias e sacrifícios.[50]

A conquista da felicidade, portanto, não será alcançada de forma gratuita, mas decorrerá sempre do esforço individual. Somente assim alcançaremos a paz que tanto almejamos. Finalizamos com as reflexões do Benfeitor Emmanuel, quando afirma:

> [...] o Cristo trouxe ao mundo a espada renovadora da guerra contra o mal, constituindo, em si mesmo, a divina fonte de repouso aos corações que se unem ao seu amor. Esses, nas mais perigosas situações da Terra, encontram, nEle, a serenidade inalterável. E que Jesus começou o combate de salvação para a humanidade, representando, ao mesmo tempo, o sustentáculo da paz sublime para todos os homens bons e sinceros.[51]

9. Qual o sentido de "E vós sois deuses"?

Novamente os judeus pegaram pedras para apedrejá-lo; mas Jesus lhes disse: "Eu mostrei muitas boas obras da parte do Pai. Por qual delas vocês querem me apedrejar?" Responderam os judeus: "Não vamos apedrejá-lo por nenhuma boa obra, mas pela blasfêmia, porque você é um

50 Estudo Aprofundado da Doutrina Espírita. Livro 2. *Ensinos e parábolas de Jesus. Parte 1.* Marta Antunes de Oliveira de Moura (organizadora). 1. ed. Brasília: FEB, 2015. Não vim trazer paz, mas espada. P. 72.

51 XAVIER, Francisco Cândido. *Caminho, verdade e vida.* Pelo Espírito Emmanuel. [s.l.]: L. Neilmoris, 2008. Cap. 104. A espada simbólica. P. 116.

simples homem e se apresenta como Deus". Jesus lhes respondeu: "Não está escrito na Lei de vocês: 'Eu disse: Vocês são deuses'? Se ele chamou 'deuses' àqueles a quem veio a palavra de Deus (e a Escritura não pode ser anulada), que dizer a respeito daquele a quem o Pai santificou e enviou ao mundo? Então, por que vocês me acusam de blasfêmia porque eu disse: Sou Filho de Deus? Se eu não realizo as obras do meu Pai, não creiam em mim. Mas, se as realizo, mesmo que não creiam em mim, creiam nas obras, para que possam saber e entender que o Pai está em mim, e eu no Pai".[52]

A frase *e vós sois deuses* é muito utilizada no meio religioso e espírita para incutir em nós esperança, motivação, no sentido de que somos filhos de Deus Altíssimo e temos latentes em nós as qualidades inerentes ao Criador. E, desse modo, possuímos em nosso ser um tesouro de valores divinos que ainda não conseguimos reconhecer e usar plenamente, mas que, à medida que formos evoluindo, isso será possível.

Entender o contexto em que tais palavras foram mencionadas pelo Cristo faz-se necessário. Na sobredita passagem, vemos Jesus citar o versículo 6, do salmo 82 do *Antigo Testamento*, que reza *"Eu disse: Vós sois deuses, e todos vós filhos do Altíssimo"*. Os judeus queriam apedrejar Jesus e o acusavam de blasfêmia; diziam que Jesus, embora homem, queria se fazer igual a Deus.

É nesse momento que o Mestre usa a própria lei judaica para responder aos seus perseguidores, calando a turba. Ao mencioná-la o Mestre demonstra a contradição que envolvia aqueles que o perseguiam.

52 BÍBLIA ONLINE. *João 10:31-38*. Disponível em: https://www.bibliaonline.com.br/. Acesso em: 13/09/2023.

Como acusá-lo de blasfêmia e querer apedrejá-lo, se os seus ensinos estavam em conformidade com os contidos no Antigo Testamento, os quais os Judeus seguiam e respeitavam como sendo representação das Leis de Deus?

É interessante observar que Jesus desperta a atenção do homem para a figura do Criador. O salmo mencionado introduz Deus como sendo o Juiz Supremo, o que é capaz de denunciar os juízes injustos, os julgamentos corruptos, em total desarmonia com as Suas Leis Divinas.

Esses juízes nada mais são que os governantes, as pessoas de poder, os líderes e os juízes da Terra que acabam pervertendo a justiça e agindo de forma egoísta, orgulhosa e materialista.

O Cristo, por outro lado, atuava em plena conexão com Deus e só fazia a Sua vontade. Conhecia sua filiação divina e por isso afirmava que Ele e Deus eram um, pois era Seu verdadeiro representante entre nós. Afirmava que nós também somos filhos de Deus e irmãos uns dos outros.

Não somos deuses no sentido de sermos exatamente iguais a Deus, com a letra *d* maiúscula, pois Ele é único e nosso Criador, dotado da perfeição absoluta. Somos ainda muito imperfeitos.

Todavia, somos deuses porque somos filhos de Deus, criados à Sua imagem e semelhança, somos Seus herdeiros e cooperadores. Somos deuses com a letra *d* minúscula, pois realizamos pequenas obras e mudanças positivas em nós mesmos e no mundo que nos cerca. E Deus permite que trabalhemos em Seu nome e na Sua obra, promovendo o crescimento necessário.

Com o tempo e com as experiências reencarnatórias, nossa inteligência se expande e nos aproxima do Pai. Ao relembrar o salmo, Jesus nos mostra que somos deuses em escala menor e, como tal, temos grande responsabilidade sobre tudo o que pensamos, fazemos e vibramos. Não podemos agir de forma inconsequente, mas sempre em total alinhamento com a Divindade.

À medida que formos adquirindo autoconhecimento, seguindo os ensinamentos evangélicos e aprendendo com as adversidades da vida, mais próximos de Deus estaremos. Vamos tendo consciência da nossa realidade espiritual.

Estamos todos em construção, em processo de remodelamento da alma, de libertação das âncoras da matéria. Somos diamantes brutos sendo lapidados aos poucos, até que nos tornemos joia cristalina, a refletirmos a luz do Criador.

Acerca do tema, é relevante trazermos as considerações de Raul Teixeira, que assevera:

> Nós somos deuses porque somos passíveis de evoluir, de desenvolver-nos intelectualmente, desenvolver-nos afetivamente, emocionalmente, realizar o nosso progresso em todos os níveis ao infinito. Não existem limites para o nosso progresso, não existem limites para a nossa evolução. [...] Não era para que nós nos igualássemos a Deus. Não há nenhum sentido em pensarmos assim, mas Deus era a referência. Marcharmos no sentido dEle e buscarmos, nesses esforços de progresso, o encontro interno com a Divindade.[53]

E continua:

> Somos deuses e, por causa disso, cabe-nos realizar o que realizam os deuses, os Espíritos, os esforços em prol de sua própria renovação, da renova-

53 FEDERAÇÃO ESPÍRITA DO PARANÁ. *Somos deuses.* Disponível em: http://www.feparana.com.br/topico/?topico=2222#:~:text=n%C3%B3s%20somos%20deuses%3F,Logo%2C%20somos%20Esp%C3%ADritos. Acesso em: 15/03/2022.

> ção do mundo entorno, da melhoria das condições do mundo entorno. [...] Então, ser deus é a nossa prerrogativa. É tão importante que saibamos disso hoje, para começarmos hoje o esforço do autoamor, do autorrespeito, abrir mão dos vícios (um deus viciado).[54]

Fomos criados simples e ignorantes, mas a Lei de Deus está gravada em nossa consciência. Possuímos em nós o gérmen do amor e disso não podemos esquecer. Somos pequenos deuses, aspirantes a cristos e estamos desenvolvendo dia a dia nossa responsabilidade divina, para conosco e para com tudo o que nos rodeia.

Se Deus nos deu a vida é para evoluirmos como Espíritos e para que possamos compreender verdadeiramente nosso papel e nossa condição na obra da Criação, sendo partícipes do bem, do amor e da caridade. Um dia, assim como Jesus, seremos tutores de mundos em evolução, Mentores de Espíritos retardatários e exemplos de perfeição.

10. Qual o sentido de "O que ligares na Terra será ligado nos céus"?

Ora, se teu irmão pecar contra ti, vai, e repreende-o entre ti e ele só; se te ouvir, ganhaste a teu irmão; Mas, se não te ouvir, leva ainda contigo um ou dois, para que pela boca de duas ou três testemunhas toda a palavra seja confirmada. E, se não as escutar, dize-o à igreja; e, se também não escutar a igreja, considera-o como um gentio e publicano. Em verdade vos digo que tudo o que ligardes na terra será

54 FEDERAÇÃO ESPÍRITA DO PARANÁ. *Somos deuses.* Disponível em: http://www.feparana.com.br/topico/?topico=2222#:~:text=n%C3%B3s%20somos%20deuses%3F,Logo%2C%20somos%20Esp%C3%ADritos. Acesso em: 15/03/2022.

ligado no céu, e tudo o que desligardes na terra será desligado no céu.[55]

E, chegando Jesus às partes de Cesareia de Filipe, interrogou os seus discípulos, dizendo: Quem dizem os homens ser o Filho do Homem? E eles disseram: Uns, João Batista; outros, Elias, e outros, Jeremias ou um dos profetas. Disse-lhes ele: E vós, quem dizeis que eu sou? E Simão Pedro, respondendo, disse: Tu és o Cristo, o Filho do Deus vivo. E Jesus, respondendo, disse-lhe: Bem-aventurado és tu, Simão Barjonas, porque não foi carne e sangue quem to revelou, mas meu Pai, que está nos céus. Pois também eu te digo que tu és Pedro e sobre esta pedra edificarei a minha igreja, e as portas do inferno não prevalecerão contra ela. E eu te darei as chaves do Reino dos céus, e tudo o que ligares na terra será ligado nos céus, e tudo o que desligares na terra será desligado nos céus. Então, mandou aos seus discípulos que a ninguém dissessem que ele era o Cristo.[56]

Analisando o contexto em que as duas passagens foram ditas, ficará mais fácil compreender o seu significado.

Na primeira, Jesus ensinava como os desentendimentos na fé entre os irmãos deveriam ser tratados. Inicia suas orientações sugerindo que se buscasse uma conciliação entre os dois. Em não sendo possível, duas ou três pessoas seriam chamadas para que pudessem interceder em favor da reconciliação.

Após as medidas acima, caso a desavença se mantivesse, a igreja seria comunicada para tentar solucionar o caso. Se ainda assim a situação não fosse resolvida, veríamos que a dureza dos corações dos homens ainda era muito

---

55 BÍBLIA ONLINE. *Mateus 18:15-18*. Disponível em: https://www.bibliaonline.com.br/. Acesso em: 13/09/2023.

56 BÍBLIA ONLINE. *Mateus 16:13-20*. Disponível em: https://www.bibliaonline.com.br/. Acesso em: 13/09/2023.

grande, razão pela qual o Mestre compara essas pessoas aos gentios e publicanos. Nesse momento, a frase em análise é dita por Jesus.

Os gentios eram politeístas por formação cultural, afastados da concepção de Deus trazida e trabalhada por Moisés; estavam ainda muito distantes da real compreensão do Evangelho e da mensagem cristã. Os publicanos, por sua vez, eram os cobradores de impostos, bastante desprezados pelos judeus, que tinham aversão ao pagamento de impostos a Roma.

Na segunda passagem, Jesus reúne-se com seus apóstolos e lhes pergunta o que o povo dizia a respeito d'Ele. O Mestre ouve atentamente as respostas e questiona-os sobre quem achavam ser Ele. Após ouvir a afirmação de Pedro, que diz ser Ele o Cristo, filho do Deus vivo, é dita a frase do ligar e desligar na terra e no céu.

O Cristo, com suas palavras, demonstra que estaremos ligados aos sentimentos que carregamos em nossos corações, sejam bons ou ruins, tanto na matéria quanto na erraticidade. A Vida Espiritual é somente uma continuação da aqui vivida. Tudo o que chama a atenção do Espírito cria um elo, em decorrência do sentimento que lhe é correspondente. É a Lei da Sintonia.

Traz a mesma ideia observada na frase *"pois onde estiver o seu tesouro, aí também estará o seu coração"*.[57] Se na Terra estivermos conectados (ligados) à justiça, à verdade e ao amor, assim também será no Mundo dos Espíritos.

Quando nos desapegamos (desligamos) de coisas, pessoas, cargos, pontos de vista, posição social, precon-

57 BÍBLIA ONLINE. *Mateus 6:21*. Disponível em: https://www.bibliaonline.com.br/. Acesso em: 13/09/2023.

ceitos, acontecimentos e emoções já na vida de encarnado, na Espiritual não será diferente.

Podemos interpretar o *ligar* e *desligar* como o mal que ainda nos escraviza, prendendo e limitando o ser humano. Por outro lado, o bem liberta, expande, eleva o ser. Quando desencarnados, ficaremos ligados ao que já nos prendíamos em vida. Uma fixação mental, por exemplo, pode aprisionar o Espírito em certas situações e condutas por várias reencarnações.

O egoísmo e o orgulho, como ensina o Espiritismo, são os dois maiores entraves para o progresso do ser, exatamente por prendê-lo ao mundo material e às coisas passageiras, cegando-o para os verdadeiros valores da vida e para a sua destinação futura, que é a felicidade e a perfeição.

Na primeira passagem evangélica, os irmãos de fé que não chegam a uma conciliação são exemplos de pessoas ainda ligadas ao orgulho que escraviza, o qual muito provavelmente levarão para a Vida Espiritual, lá perpetuando as mesmas ideias equivocadas da vida material. São as pessoas completamente desligadas do bem e do amor.

No caso de Pedro é diferente. O apóstolo, com a sua resposta, demonstra evolução, sabedoria e amadurecimento. Todos os que agirem como ele estão em condições de serem discípulos do Mestre, auxiliando na espiritualização humana, para libertá-la de toda imperfeição.

A palavra *céu* não representa um lugar circunscrito, mas um estado vibracional da alma que vive plenamente o amor. É um estado de bem-aventurança, o qual todos um dia viveremos.

Quem não se desvincula espiritualmente das suas infelizes amarras desencarna carregando os mesmos sentimentos e interesses, passando a viver, mesmo na erraticidade, preso ao mundo material. Esse Espírito não terá condições de viver esse *céu*, de enxergar as belezas do Mundo Espiritual nem de sentir as bênçãos do auxílio divino.

Assim, a experiência de cada um ocorre segundo as vinculações e as desvinculações que cria para si mesmo, podendo ressoar em emoções de paz ou de sofrimento. Tudo é sintonia no Universo. A frase de Jesus não poderia fazer mais sentido, estando em total consonância com os ensinamentos trazidos pela Doutrina Espírita.

A que tipos de ideias e desejos estamos ligados? Será que já conseguimos dar o justo valor a tudo o que nos envolve? Conseguimos nos desligar da matéria e nos conectarmos verdadeiramente a Deus? Esses são questionamentos imprescindíveis para todo aquele que deseja ampliar sua percepção espiritual e captar padrões de ordem mais elevada.

Que possamos estar associados ao amor em pensamentos, palavras e ações, pois é a única chave que nos permitirá chegar até Deus.

Capítulo II

Bem-Aventuranças

11. Qual o sentido das Bem-aventuranças?

Jesus, vendo a multidão, subiu a um monte, e, assentando-se, aproximaram-se dele os seus discípulos; e, abrindo a boca, os ensinava, dizendo: Bem-aventurados...[58]

As bem-aventuranças foram proferidas por Jesus no Sermão do Monte e são, essencialmente, mensagens de ânimo, de esperança e de fé a todos os sofredores da Terra.

A expressão bem-aventurados significa os felizes, mas sob o aspecto espiritual, não material. O Cristo, em seu infinito amor, apresenta um caminho de redenção espiritual aos que já conseguem compreender os seus ensinamentos.

Na oportunidade, o Mestre descreve os passos que todo homem precisa seguir para alcançar o Reino de Deus e que somente ocorre quando aceitamos e praticamos as Suas Leis. É relevante observarmos que as bem-aventuranças apresentam uma sequência evolutiva, não se podendo vivenciar uma delas sem que a anterior também seja.

58 BÍBLIA ONLINE *Mateus 5:1-2*. Disponível em: https://www.bibliaonline.com.br/. Acesso em: 13/09/2023.

Cada bem-aventurança apresenta duas partes. Na primeira, traz uma condição, o passo inicial a ser dado, que pode ser uma atitude, uma escolha ou mesmo uma realidade a ser assumida. Na segunda, apresenta um resultado, a consequência para quem cumpre a orientação dada. Assim, quem cumpre a primeira parte encontra-se apto para experimentar a segunda.

A segunda parte de cada bem-aventurança inicia com *porque,* exatamente por trazer uma explicação; mostra a importância de justificarmos as ações. Após o advento do Messias, não podemos mais alegar ignorância e agirmos de forma inconsciente.[59]

A expressão *subiu a um monte* evidencia que todos aqueles que buscam ajudar precisam se elevar, apresentando autoridade moral para bem auxiliar, sem perder a humildade que caracteriza as grandes almas. A subida ao monte indica, portanto, *"esforço, capacitação, saber colocar-se acima, [...] em nível de entendimento dos que necessitam de auxílio e de esclarecimentos".*[60]

E, quando o Cristo estava em condições de amparar, *assentou-se,* aproximando-se d'Ele os discípulos. O verbo assentar representa ajuste vibracional e sintonia, permitindo que a possibilidade de atendimento fosse melhor e mais efetiva. Demonstra, ainda, ação tranquila, segura e pacífica.

Vemos que os discípulos não perderam a oportunidade do aprendizado com a circunstância oferecida, *aproximando-se de Jesus.* Assim como eles, cabe a nós aproveitarmos também as ocorrências diárias para promovermos

---

59 FAJARDO, Cláudio. ***O Sermão do Monte.*** Contagem/MG: Instituto Editorial D'Esperance. 2020. Capítulo 1. As Bem-Aventuranças. p. 20.

60 Estudo Aprofundado da Doutrina Espírita. Livro 2. *Ensinos e parábolas de Jesus. Parte 1.* Marta Antunes de Oliveira de Moura (organizadora). 1. ed. Brasília: FEB, 2015. As Bem-aventuranças. p. 51.

o nosso crescimento espiritual. Ninguém consegue capacitar-se para a vivência do Evangelho sem aproximar-se do Mestre.

Jesus, *abrindo a boca, os ensinava*. Tal assertiva é de fundamental importância, demonstrando que a boca, como instrumento de manifestação da palavra, deve ser utilizada de forma inteligente e positiva. Com ela podemos caluniar, julgar e maldizer, mas igualmente ensinar, abençoar e amparar.

O Mestre levava consolo aos que O ouviam, pois, suas instruções eram recheadas de vibrações de amor e de esperança. *"O esclarecimento emoldurado pelo carinho, pelo envolvimento afetivo de Jesus, tocava a quantos já se achavam predispostos à mudança."*[61]

Não devemos entender que o Mestre exclui de seu consolo os que não se encontram em sofrimento. Apenas sabe que esses, os chamados vencedores do mundo, não estão preparados para ouvir e entender a Boa-Nova.

O orgulho e a vaidade ainda os cega e não cedem em seus pontos de vista. Caminharão perdidos e distantes de Deus até que a dor toque seus duros corações e neles promova a necessária transformação.

Bem diferente é a condição daqueles que sofrem. Os marcados pela dor, os tristes, deserdados e derrotados encontram-se mais aptos a ouvirem a voz do Alto.

Suas almas encontram-se humildes, brandas e flexíveis aos ensinos do bem, não mais se encontram aprisionados às ilusões e aos enganos do mundo terrestre. Jesus, sabendo que o Evangelho assentava suas bases sobre os vencidos da sorte, assevera a Levi:

61 Estudo Aprofundado da Doutrina Espírita. Livro 2. *Ensinos e parábolas de Jesus. Parte 1*. Marta Antunes de Oliveira de Moura (organizadora). 1. ed. Brasília: FEB, 2015. As Bem-aventuranças. p. 52.

> O leito de dor, a exclusão de todas as facilidades da vida, a incompreensão dos mais amados, as chagas e as cicatrizes do espírito são luzes que Deus acende na noite sombria das criaturas. [...] Suas almas são a terra fecundada pelo adubo das lágrimas e das esperanças mais ardentes, onde as sementes do Evangelho desabrocharão para a luz da vida.[62]

À época em que foi proferido o Sermão do Monte, todos os tipos de enfermos e derrotados da sorte enchiam as ruas de Cafarnaum. Eram idosos, lavradores simples, mulheres que levavam seus filhinhos em lutas dolorosas, cegos, crianças, doentes, mendigos, entre outros.

As turbas ansiosas buscavam Jesus e seus apóstolos tentando obter alívio para suas almas. Muitos se sentiam humilhados, exaustos, imperfeitos e sem méritos perante Deus.

Por esse motivo, Jesus endereçou-lhes as bem-aventuranças. Com bênçãos de amor e de bondade, buscava todos os que se encontravam em tristeza e angústia do coração, renovando-lhes as esperanças. A voz do Mestre caía-lhes como bálsamo divino sobre as chagas abertas do coração.

Após ouvirem as bem-aventuranças, muitas mães pediam a Jesus que abençoasse seus filhinhos, idosos beijavam-lhe as mãos e cegos e leprosos rodeavam-no sorridentes. O povo dali se retirava tomado de imenso conforto, animado de uma nova alegria.

Segundo o ministério de Cláudio Fajardo, identifica naquele momento a presença de três faixas distintas de nível de evolução, a saber:

62 XAVIER, Francisco Cândido. *Boa Nova*. Pelo Espírito Humberto de Campos. 37. ed. Brasília: FEB, 2013. Cap. 11 (O sermão do monte). p. 225.

> A primeira representada por Jesus em cima do monte, como o Grande Doador por excelência; a segunda por seus discípulos, um pouco mais abaixo, como aqueles em que a mensagem da Boa Nova já poderia dar frutos mais imediatos; e por fim, a multidão, representando aqueles que mesmo ouvindo, ainda não conseguem assimilar e se acham bem distante da vivência.[63]

Como se vê, as bem-aventuranças são para todos nós. Todos os habitantes do planeta, em maior ou menor grau, vivenciam momentos de dores, aflições e dificuldades, prolongando-se tais situações, não raro, por muito tempo.

Portanto, somos também chamados a ouvir e a assimilar as bem-aventuranças, compreendo a importância de crescermos com dor. Podemos encontrar muita consolação na Doutrina Espírita, pois esclarece sobre o significado do sofrimento em nossa existência.

O Espiritismo explica que os desafios representam degraus em nossa jornada de ascensão, já que o sofrimento em si mesmo não é o fim, mas somente um instrumento de aprendizado.

Concentrando-nos na dor, sofremos, mas, se focarmos na lição por ela ofertada, evoluímos. Perante qualquer dificuldade, lembremos do Sermão do Monte, trabalhemos a nossa calma e a nossa resignação, utilizemos os recursos da oração e da caridade, remédios infalíveis para encontrarmos a paz e projetarmos nosso olhar para a vida futura.

---

63 FAJARDO, Cláudio. *O Sermão do Monte*. Contagem/MG: Instituto Editorial D'Esperance. 2020. Capítulo 1. As Bem-Aventuranças. p. 16.

12. Qual o sentido de "Bem-aventurados os pobres de Espírito, porque deles é o Reino dos céus"?

Bem-aventurados os pobres de Espírito, porque deles é o reino dos Céus.[64]

Para a compreensão dessa bem-aventurança, importa entendermos o significado de *pobres de Espírito* e de *Reino dos Céus*. A expressão "bem-aventurados", como foi abordada na questão anterior, significa os *ditosos*, *felizes* sob o aspecto espiritual.

Pobres de Espírito traz a ideia essencial de humildade e de simplicidade de coração, sendo essas as virtudes que aproximam o homem da divindade. Um pobre de espírito é aquele que reconhece a sua miséria espiritual diante do Criador e quando d'Ele se aparta. Apresenta humildade genuína, aceitando suas próprias limitações e tentando superá-las com esforço e boa vontade.

Muitas expressões e terminologias usadas nas escrituras bíblicas não possuem hoje o mesmo significado. Atualmente usamos o termo *pobre de espírito* para designar uma pessoa vazia, fútil e com ausência de Espiritualidade, alguém que é pobre de amor.

Outros, diferentemente, entendem *pobre de espírito* como sinônimo de ignorância, ausência de inteligência, ingenuidade, baixa autoestima ou introversão.

Todavia, quando Jesus afirmou *bem-aventurados os pobres de espírito*, pensou em um significado muito diferente do que hoje entendemos. Ele destacava a simplicidade de coração e a humildade de espírito como condições para alcançarmos o Reino de Deus.

64 BÍBLIA ONLINE. *Mateus 5:3*. Disponível em: https://www.bibliaonline.com.br/. Acesso em: 13/09/2023.

A humildade representa *"um ato de submissão a Deus, ao passo que o orgulho é a revolta contra Ele."*[65] Deus precisa que sejamos Espíritos ricos de amor e pobres de orgulho. Sem isso, nenhuma outra virtude se mantém.

Tal interpretação fica mais clara quando observamos que a referida bem-aventurança é também apresentada como *bem-aventurados os que têm um coração de pobre* ou, ainda, como *bem-aventurados os humildes de espírito*. Constata-se, assim, que, realmente, o Mestre fala de uma qualidade moral, não de um aspecto comportamental.

Os que se mantiverem viciosos e orgulhosos permanecerão estacionados e afastados do Reino de Deus até que sejam tocados pelas verdades espirituais. Os sábios e orgulhosos do mundo, em geral, têm a si próprios em tão alta conta que não admitem nada nem ninguém que os possa ultrapassar.

Não percebem a sua pobreza espiritual. Tal raciocínio fere seu amor-próprio, motivo pelo qual apresentam grandes dificuldades em aceitar Deus e a sua soberania. Rodolfo Calligaris, tecendo considerações sobre a bem-aventurança, ressalta:

> Quem se imagina com perfeita saúde não se preocupa com ela, nem procura um médico para tratá-la. Também aquele que se presume sem defeitos, ou já se considera salvo, descuida da higidez de sua alma, e, quando menos espere, a morte o surpreenderá sem que tenha avançado pelo menos um passo no sentido da realização espiritual.[66]

Diante disso, não direcionam sua atenção, seu tempo e suas energias para as coisas divinas, sendo mais fácil ne-

65 KARDEC, Allan. *O Evangelho Segundo o Espiritismo*. Campos dos Goytacazes/RJ: Editora Letra Espírita. 2023. Capítulo 7 - Bem-aventurados os pobres de espírito, item 2, p. 100.

66 CALLIGARIS, Rodolfo. *O Sermão da Montanha*. Brasília: FEB, 2011. Bem-aventurados os pobres de espírito. p. 5.

gá-las. Quando, porventura, as aceitam de alguma forma, contestam exatamente a ação providencial sobre o mundo material, acreditando serem eles próprios suficientes para administrá-lo adequadamente.

Embora sejam capazes, intelectualmente, de admitir e reconhecer o mundo invisível, não o fazem, por conta do orgulho que *"se revolta com a ideia de algo acima do que não podem colocar-se, e que os faria descer de seu pedestal"*[67], sendo mais natural deixarem tais crenças para as pessoas *simples*, segundo seus pontos de vista limitados.

Vejamos agora o significado da expressão *Reino dos Céus*[68]. É, essencialmente, um estado de consciência do Espírito, esteja ele encarnado ou desencarnado. É um estado d'alma, presente no coração e na mente das criaturas. Segundo a Doutrina Espírita, céu não é um local onde as almas vivem em beatitudes celestes, e inferno não é um lugar onde as almas sofrem eternamente.

Os Espíritos da codificação, ao serem questionados se haveria no Universo lugares circunscritos para as penas e os gozos, afirmaram que não existe um lugar fechado, destinado a uma ou outra coisa.

Cada um tira de si mesmo o princípio da sua felicidade ou da sua desgraça. No caso dos Espíritos encarnados, segundo o mundo em que habitam seja mais ou menos adiantado, serão os homens mais ou menos felizes.[69]

Em seus ensinamentos, Jesus já trazia esse pensamento acerca do Reino de Deus, quando afirmou: *"O reino de*

---

67 CALLIGARIS, Rodolfo. *O Sermão da Montanha*. Brasília: FEB, 2011. Bem-aventurados os pobres de espírito. p. 5.

68 Nota da Autora. O tema abordado consta originalmente da obra *Bíblia Sagrada, um olhar espírita*, na pergunta de número 12, "O que são o Céu e o Inferno?". Todavia, consideramos adequado trazer novamente a este novo livro para fins de melhor compreensão do tema e contextualização.

69 KARDEC, Allan. *O Livro dos Espíritos*. Campos dos Goytacazes/RJ: Editora Letra Espírita, 2022. Q. 1012. p. 369.

Deus não vem com aparência exterior; nem dirão: Ei-lo aqui! Ou: Ei-lo ali! Pois o reino de Deus está dentro de vós."[70]

A ideia, alimentada por muitos séculos, de que haveria um único lugar circunscrito, determinado e específico para aqueles que são bons ou ruins não é adequada, pois há Espíritos ditosos e inditosos em toda parte, os quais podem se reunir, pela simpatia que apresentam, em qualquer lugar, principalmente quando já alcançaram a perfeição.

A felicidade ou a infelicidade dependem do progresso que cada Espírito alcança, sendo inerente às suas qualidades. A plenitude ou o sofrimento são vividos e sentidos pelos Espíritos em toda parte em que se encontrem, seja na superfície da Terra, no meio dos encarnados, ou no Espaço.[71]

Portanto, em um mesmo ambiente, do plano material ou da erraticidade, pode haver dois Espíritos, um se sentindo feliz e o outro, infeliz. Materializamos no exterior aquilo que somos por dentro, de modo que cada um viverá no mundo que criou para si, de luz ou de trevas.

Sobre o tema, ensina o Codificador que "a localização absoluta das regiões das penas e das recompensas só na imaginação do homem existe"[72], decorrendo tal entendimento da nossa necessidade de materializar e circunscrever as coisas. Como ainda somos muito imperfeitos, não conseguimos compreender tudo. Na imensidão do Universo, não há limites para o céu nem para o inferno.

Entretanto, no que concerne aos Espíritos desencarnados, conquanto estejam em toda parte, os mundos são

---

70 BÍBLIA ONLINE. *Lucas 17:20-21*. Disponível em: https://www.bibliaonline.com.br/. Acesso em: 13/09/2023.

71 KARDEC, Allan. *O Céu e o Inferno*. 1. ed. Capivari: Editora EME, 2019. Capítulo 3. O céu. Item 6. p. 27.

72 KARDEC, Allan. *O Livro dos Espíritos*. Campos dos Goytacazes/RJ: Editora Letra Espírita, 2022. Q. 1012.a. p. 369.

as sedes onde se reúnem, em função da sintonia entre eles existente.

Há mundos avançados, ao redor dos quais afluem Espíritos Superiores, e há mundos atrasados, onde permanecem Espíritos inferiores. Os Espíritos, ao serem questionados em que sentido se deve entender a palavra céu, responderam:

> Julgas que seja um lugar, como os campos elísios dos antigos, onde todos os bons Espíritos estão promiscuamente aglomerados, sem outra preocupação que a de gozar, pela eternidade toda, de uma felicidade passiva? Não; é o espaço universal; são os planetas, as estrelas e todos os mundos superiores, onde os Espíritos gozam plenamente de suas faculdades, sem as tribulações da vida material, nem as angústias peculiares à inferioridade.[73]

Desta feita, após o desencarne, cada Espírito seguirá para o lugar que lhe é interessante. Cada individualidade vai deslocar-se para a região espiritual que está em consonância com o seu modo de ser e de viver, com os seus interesses, pensamentos e emoções. Em *O Evangelho Segundo o Espiritismo,* diz Kardec:

> Enquanto uns não se podem afastar da esfera onde viveram, outros se elevam e percorrem o Espaço e os mundos; enquanto alguns Espíritos culpados erram nas trevas, os bem-aventurados gozam de resplandecente caridade e do espetáculo do Infinito [...].[74]

---

73 KARDEC, Allan. *O Livro dos Espíritos*. Campos dos Goytacazes/RJ: Editora Letra Espírita, 2022. Q. 1016. p. 370.

74 KARDEC, Allan. *O Evangelho Segundo o Espiritismo*. Campos dos Goytacazes/RJ: Editora Letra Espírita. 2023. Capítulo 3 - Há muitas moradas na casa de meu Pai, item 2, p. 49.

Por essas afirmativas, podemos perceber que esses ambientes variam sobremaneira, conforme o nível evolutivo da criatura que desencarna. Pode-se perceber em lugares felizes, revigorantes e de paz, sentindo-se no céu, ou em lugares de dor e sofrimento, sentindo-se no inferno.

Finalizamos com as palavras de Kardec, quando afirma que o céu está *"por toda parte, nada o cerca, nada o delimita. Os mundos felizes são as últimas estações do caminho que a ele conduzem. As virtudes favorecem a caminhada, e os vícios impedem o acesso a esses mundos felizes."*[75]

13. Qual o sentido de "Bem-aventurados os que choram, porque serão consolados"?

Bem-aventurados os que choram porque serão consolados.[76]

Necessário compreendermos adequadamente o sentido das palavras *choram* e *consolados* para que a bem-aventurança se faça clara em nossa mente.

Por *choram* não se deve entender todos os que sofrem na Terra, pois não há quem aqui não passe por dores e lágrimas, mas só os que bem sabem sofrer. Como nos comportamos diante da dor, com resignação e entendimento diante da vontade do Pai ou com revolta, irresignação e vitimismo?

Quando Jesus pronunciou essa bem-aventurança algumas pessoas perguntaram-se: "Será possível estar feliz e aflito ao mesmo tempo?"

Para a grande maioria das pessoas não é possível, até porque o conhecimento da reencarnação e da Lei de

75 KARDEC, Allan. *O Céu e o Inferno*. 1. ed. Capivari: Editora EME, 2019. Capítulo 3. O céu. Item 18. p. 31.

76 BÍBLIA ONLINE. *Mateus 5:4*. Disponível em: https://www.bibliaonline.com.br/. Acesso em: 13/09/2023.

Causa e Efeito não são suficientes para fazer com que a criatura fique feliz diante da dor. A aflição traz sofrimento e tristeza, desperta no homem o desejo de sair daquela situação o quanto antes.

A afirmação do Mestre precisa ser bem compreendida, não significando que o homem deve estar feliz durante a aflição, mas ter resignação diante da dor, não agindo com revolta ou sentimento de vitimização perante a Justiça Divina, pois somos os únicos responsáveis por todas as dificuldades e os causadores dos próprios infortúnios.

Felizes os que choram são somente os que veem nas lágrimas oportunidades de redenção e de resgate de seus erros. Seu choro é sinônimo de catarse, não de desespero. Lutam e usam a inteligência com sabedoria para vencerem as dificuldades, pois reconhecem que Deus é justo e, portanto, justo é o seu sofrimento.

Sabem que as dores pacientemente suportadas na Terra irão lhe poupar séculos de sofrimento nas vidas futuras. Pagam suas dívidas e se sentem felizes por isso, ainda que por intermédio da dor.

Os que se preocupam meramente com a vida na matéria, que se revoltam contra o Criador, irresignando-se e vitimizando-se, não são bem-aventurados e, como tal, não serão consolados. Nesses, há falta de submissão à vontade do Pai. A dor é meramente física e não espiritual, pois não promove a iluminação e o aperfeiçoamento do ser.

Quando somos visitados pela dor, é necessário fazermos a seguinte reflexão: “O que preciso aprender com isso e qual o significado desta aflição?” Obviamente, de acordo com a Lei do Progresso, todos devem lutar e trabalhar para sair das dificuldades, não se devendo compreender essa máxima do Cristo como sinônimo de acomodação.

Deus é amor, justiça e bondade, não age por capricho e com parcialidade, não deseja o sofrimento de Seus filhos, mas o aprendizado, que pode dar-se pelo amor ou pela dor, último recurso utilizado pela Providência.

As tribulações da vida têm sempre uma causa justa, razão pela qual devemos buscar a mensagem embutida nas situações delicadas da nossa existência. Em verdade, a aflição de hoje é a paz do amanhã. Recordemos as orientações de *O Evangelho Segundo o Espiritismo,* ao asseverar:

> Logo, se murmurarmos nas aflições, se não as aceitarmos com resignação e como algo que devemos ter merecido, se acursarmos a Deus de ser injusto, *nova dívida contraímos, que nos faz perder o fruto que devíamos colher do sofrimento. É por isso que teremos de recomeçar,* absolutamente como se, a um credor que nos atormente, pagássemos uma cota e a tomássemos de novo por empréstimo [grifos nossos].[77]

De tudo isso se compreende que não passamos pela dor, pela aflição e pelo sofrimento por acaso. Nenhuma falta, por menor que seja, deixa de acarretar forçosas e inevitáveis consequências; de modo que o homem será sempre responsabilizado pelos atos contrários à Lei Maior.

Quando Jesus afirmou que seriam consolados não quis dizer que seriam somente reconfortados e balsamizados. Tal palavra representa algo muito mais amplo. Esse consolo se dará por meio do trabalho no bem, da oportunidade de auxiliar os que sofrem, pela vivência da caridade.

O consolo verdadeiro virá através da promoção do bem. Quando o sofrimento é adequadamente vivido, com

---

77 KARDEC, Allan. *O Evangelho Segundo o Espiritismo.* Campos dos Goytacazes/RJ: Editora Letra Espírita. 2023. Capítulo 5 - Bem-aventurados os aflitos, item q2, p. 77.

sabedoria e aprendizado, capacitamo-nos para algo maior, para sermos discípulos do Mestre e divulgadores do seu Evangelho de amor. Pelo exercício da caridade, consolamos nosso próximo e somos igualmente consolados, usufruindo da felicidade pela realização do bem.

Perante qualquer dificuldade, trabalhemos a nossa calma e a nossa resignação, utilizemos o recurso da oração e da caridade, remédios infalíveis para encontrarmos a paz e projetarmos nosso olhar para a vida futura, compreendendo o real sentido da máxima *bem-aventurados os que choram, porque serão consolados.*

14. Qual o sentido de "Bem-aventurados os mansos, porque herdarão a terra"?

Bem-aventurados os mansos porque herdarão a Terra.[78]

Analisaremos, essencialmente, quem são os mansos, qual o motivo de serem considerados felizes e, ainda, como herdarão a Terra.

Nessa bem-aventurança, Jesus exalta a mansidão, a delicadeza, a mansuetude, a afabilidade e a paciência. São comportamentos ainda bem distantes do homem terreno, envolto, constantemente, na violência que decorre do seu próprio orgulho e do seu egoísmo.

Em todos os momentos que esteve conosco na Terra, Jesus condenou toda e qualquer espécie de violência, fosse de pensamentos, de palavras ou de ações, significando, tal comportamento, falta de caridade para consigo mesmo e para com o próximo.

Considerando que a Lei de Amor e de Caridade deve regular a vida entre os homens, na matéria e fora dela,

78 BÍBLIA ONLINE. *Mateus 5:5*. Disponível em: https://www.bibliaonline.com.br/. Acesso em: 13/09/2023.

qualquer conduta que contrarie esses princípios deve ser evitada.

Para que a união e a concórdia sejam lei entre os homens, deve haver esforço coletivo para domarmos nossas más inclinações. Como ensina *O Evangelho Segundo o Espiritismo* *"toda palavra ofensiva [...] constitui um golpe desferido na benevolência recíproca e na fraternidade"*[79], sendo reflexo do ódio e da animosidade que ainda habitam em nossas almas doentes.

Aspecto relevante é compreendermos bem o significado de mansuetude, que difere de simples passividade, inércia ou apatia. Não significa ausência de atitude diante da vida. Mansos são aqueles que se mostram abertos às claridades espirituais, que trazem a mansuetude no coração, trabalham incessantemente no bem e na multiplicação do amor entre as pessoas.

O Mestre amado traz grande ensinamento e nos convida à reflexão, pois, ainda que muito falemos da paz, não a praticamos. Se pensarmos bem, a todo momento, externamos o desejo de viver em um mundo mais fraterno, mas esquecemos que essa fraternidade precisa partir de atitudes individuais e nem sempre nos predispomos a isso.

A mansidão deve começar dentro de nós, em nosso lar, por meio da bondade e da compreensão para com todos aqueles que nos cercam. Normalmente nos falta paciência e pouco realizamos de efetivo no campo da mansuetude. A melhor maneira de ensinar é exemplificar, mas é nisso que pecamos. Somos impacientes com tudo, para ouvir, compreender, ensinar e mesmo amar.

Para que consigamos a paz que nos torna mansos, precisamos agir com amor em todos os momentos. Os

---

79 KARDEC, Allan. *O Evangelho Segundo o Espiritismo*. Campos dos Goytacazes/RJ: Editora Letra Espírita. 2023. Capítulo 9 - Bem-aventurados os que são brandos e pacíficos, item 4, p. 121-122.

pensamentos, as palavras e as ações devem ser reflexos da verdadeira caridade. Ninguém conquistará a mansuetude gratuitamente, sem luta e perseverança no bem. Afirma Cláudio Fajardo:

> E a capacidade de exteriorização desta virtude é demonstrada não somente na ação, mas principalmente na reação, ou seja, quando acontece a oportunidade do teste, que vem sempre após alguém nos atacar, nos humilhar ou dizer qualquer coisa contra a nossa pessoa. Nesse momento é que temos a oportunidade de mostrar a que tipo de reação estamos vinculados.[80]

Herdar a Terra tem relação direta com a evolução do planeta para um mundo mais feliz. Quando o orbe deixar de ser um mundo de provas e expiações, tornando-se um mundo regenerado, os Espíritos que aqui viverão serão os que apresentarem grau evolutivo condizente com a nova condição do globo.

Sem o conhecimento e o entendimento acerca da vida futura, da contínua evolução dos mundos e dos seres e, ainda, da Lei da Reencarnação, as palavras de Jesus ficam totalmente incompreendidas.

Sendo a Terra um mundo mais feliz, naturalmente, os Espíritos serão mais bondosos, amorosos, mansos e fraternos. Assim, os que se elevarem espiritualmente, por meio da prática do bem e da vivência do amor, obterão permissão de permanecerem na Terra regenerada e, como tal, irão herdá-la. Por isso, disse Jesus, que os mansos herdariam a Terra.

Bem-aventurados são, desse modo, todos os dignos de permanecerem na nova e mais feliz psicosfera terres-

80 FAJARDO, Cláudio. *O Sermão do Monte.* Contagem / MG: Instituto Editorial D'Esperance. 2020. Capítulo 1. As Bem-Aventuranças. p.21.

tre. Nela desfrutarão de um mundo de paz e harmonia, onde não haverá rivalidades, imposições, egoísmo e nem orgulho.

De outro modo, os que se mantiverem violentos e com sentimentos de ódio, serão recambiados para outros planetas mais inferiores, em processo de exílio.

Tal condição, apesar de dolorosa, lhes dará a oportunidade de se elevarem por meio do sofrimento depurador, permitindo que alcancem o progresso ao qual todos estamos destinados. Após se regenerarem, poderão retornar ao orbe terreno e ao convívio dos amores que aqui permaneceram.

Portanto, busquemos vivenciar plenamente o bem e o amor a Deus e ao próximo. Quanto maior o número de corações lutando nesse sentido, mais rapidamente o planeta se transformará, fazendo com que os mansos sejam realmente maioria na Terra.

15. Qual o sentido de "Bem-aventurados os que têm fome e sede de justiça, porque serão saciados"?

Bem-aventurados os que têm fome e sede de justiça, porque serão fartos (saciados).[81]

Para melhor entendermos a bem-aventurança, é considerável relembrarmos a condição em que viviam os hebreus àquela época. Eles vinham de vários períodos de escravização, pelo Egito, pelos caldeus, liderados pelos persas; pelos macedônios e, por fim, pelos romanos.

Era um povo oprimido, sentiam, no âmago da alma, forte anseio de justiça. Tinham fome e sede de justiça porque os romanos estavam, à época, promovendo uma

81 BÍBLIA ONLINE. *Mateus 5:6*. Disponível em: https://www.bibliaonline.com.br/. Acesso em: 13/09/202.

série de processos opressivos. Buscavam uma luz, um refrigério para seus sofrimentos. Esperavam ansiosamente o Messias que promoveria a transformação da Humanidade.

Os que hoje sentem fome e sede de justiça são os antigos infratores da Lei de Deus, que estão, como tudo no Universo, submetidos à Lei de Causa e Efeito. São os que erraram no passado e agora colhem os frutos amargos das sementes de dor que plantaram. É relevante, portanto, percebermos que nada está desconectado e que não há injustiça da Lei Divina.

Com o entendimento acerca da reencarnação tudo se explica. As diferenças sociais e todas as desigualdades existentes no mundo, que assolam nossas almas e corações, têm uma causa justa, não sendo reflexo de um Deus vingativo e odioso. De outro modo, são agentes de progresso e secundam a necessária evolução do Espírito, até que todos possam ver-se como irmãos.

Em um primeiro momento, pode-se, equivocadamente, pensar que a afirmação *serão fartos* significa uma vingança, mas não foi o que Jesus quis dizer. O Cristo, nas bem-aventuranças, apresentou a metodologia para que a fome e a sede fossem saciadas e, como sabemos, ela era baseada no amor e na misericórdia, não no enfrentamento ou no ódio. Sobre o tema, ensina Cláudio Fajardo:

> O adjetivo *farto* indica abundância, isto é, com sobra. A Lei é Justiça, mas também tem o componente de Misericórdia, assim quando manifestamos a mínima boa vontade, o Criador nos atende com todos os recursos, nos proporcionando fartura, porquanto o Reino de Deus é Amor [grifos do original].[82]

82 FAJARDO, Cláudio. *O Sermão do Monte.* Contagem / MG: Instituto Editorial D, Esperance. 2020. Capítulo 1. As Bem-Aventuranças. p. 25.

O exercício da misericórdia é o melhor instrumento que o homem pode ter para saciar o seu desejo de justiça e seu processo de opressão. Jesus, com a sua afirmativa, rompe toda uma lógica que os judeus tinham acerca da justiça, pois acreditavam que somente um confronto, uma mão forte, como a de Moisés, poderia promover a mudança que buscavam.

O Mestre vem mostrar uma nova forma de pensar. Apresenta o perdão e a misericórdia como as estratégias para resolvermos nossos dramas de violência. Transforma completamente os conceitos até então vigentes na nossa sociedade terrena.

A dor, até então vista como punição, passou a ser encarada como um mecanismo de reflexão e aprendizado. Os algozes passariam a ser olhados como aqueles que necessitam de piedade, de apoio. São pessoas enfermas, irmãos equivocados no caminho.

Enquanto odiarmos quem nos odeia e procurarmos nos vingar de quem nos faz mal, continuaremos infelizes, em processos reencarnatórios extremamente dolorosos. A vivência do amor é o caminho que necessitamos seguir com grandeza de espírito em todas as nossas atitudes, pensamentos e emoções. Ensina Rodolfo Calligaris:

> Enquanto outros derrubam e destroem o que é arcaico e já não convém ao estágio evolutivo atual, chamem a si a tarefa de desarmar os espíritos, preparando-os para uma vivência de paz e de concórdia; lutem para que se reconheça no trabalho o fator supremo do bem-estar coletivo e se assegure aos que o exercem retribuição justa, suficiente ao atendimento de suas necessidades essenciais; esforcem-se por infiltrar as luzes do Evangelho em todas as camadas sociais...[83]

83 CALLIGARIS, Rodolfo. *O Sermão da Montanha*. Brasília: FEB, 2011. Bem-aventurados os que têm fomo e sede de justiça. p. 9.

A Doutrina Espírita, com sua lucidez, ensina ao homem que não há sofrimento sem justa causa. Certamente os que têm fome e sede de justiça foram, no passado, os antigos infratores da Lei de Deus, renascendo agora em condição de opressão, para que tenham condição de se reajustar e progredir.

É muito importante lembrarmos que Deus, soberanamente justo e bom, sempre age com justiça plena em relação aos seus filhos, não havendo o acaso nem injustiça na Sua Lei.

Tal entendimento é fundamental para a compreensão da Justiça Divina, evitando-se visões deturpadas de Deus como Ser injusto, permissivo do sofrimento das criaturas. Existe, em verdade, desconhecimento das Leis do Criador e de como elas se processam em nossas vidas, acontecendo cada evento de forma natural, planejada e lógica.

No Universo nada está desconectado, havendo sempre uma sequência de ações a desencadearem outras, intimamente relacionadas. Segundo a Lei de Causa e Efeito há, para todo ato, uma consequência natural e diretamente ligada ao ato originariamente praticado, de modo que, dependendo das nossas atitudes, positivas ou negativas, colheremos no amanhã o bem ou o mal, conforme o plantio realizado.

Estando o indivíduo em conformidade com o Evangelho Redivivo, praticando o bem e vivenciando o amor exemplificado por Jesus, sua colheita será de coisas boas. Agindo em desconformidade com os princípios divinos se verá naturalmente envolvido em dor e sofrimento, como resultado de seus atos negativos.

É natural que todos anseiem por uma vida mais feliz, mas para isso é preciso merecê-la, conquistá-la. A felicidade não virá de forma gratuita. Com as novas concepções trazidas por Jesus, nasce no coração a esperança de que um dia todos serão saciados. E será pela melhoria individual que colocaremos fim aos nossos sofrimentos.

O futuro, assim, não é tão incerto como imaginamos. Examinemos nossas atitudes e pensamentos, plantemos o bem, vivenciemos a Lei de Amor e Caridade, e a Lei de Causa e Efeito, pois, no amanhã, seremos beneficiados.

16. Qual o sentido de "Bem-aventurados os misericordiosos, porque alcançarão a misericórdia"?

Bem-aventurados os misericordiosos, porque alcançarão a misericórdia.[84]

Segundo o dicionário, a palavra *misericórdia* significa sentimento de pesar e de caridade em relação à infelicidade do outro.[85] É ter piedade e compaixão pelo próximo, seja da miséria material ou da espiritual.

Ao dizer essa bem-aventurança, Jesus estava claramente fazendo uma referência à caridade que deve pautar a vida de todas as criaturas, assim como à Lei de Causa e Efeito. Todos aqueles que tiverem misericórdia e que vivenciarem o bem, receberão também as mesmas graças. O que semearmos, colheremos.

A Espiritualidade vem nos falar que *"a misericórdia é o complemento da brandura, porquanto aquele que não for misericordioso não poderá ser brando e pacífico."*[86] Quem é misericordioso esquece as ofensas, sabe perdoar

84 BÍBLIA ONLINE. Mateus 5:7. Disponível em: https://www.bibliaonline.com.br/. Acesso em: 13/09/2023.

85 DICIONÁRIO ONLINE DE PORTUGUÊS. *Misericórdia*. Disponível em: https://www.dicio.com.br/misericordia/. Acesso em: 19/05/2022.

86 KARDEC, Allan. *O Evangelho Segundo o Espiritismo*. Campos dos Goytacazes/RJ: Editora Letra Espírita. 2023. Capítulo 10 - Bem-aventurados os que são misericordiosos, item 4, p. 127.

e procura logo reconciliar-se com o inimigo. Além disso, não julga e é indulgente, reconhecendo suas próprias imperfeições.

O Espírito Humberto de Campos, abordando essa bem-aventurança, elucida quem são os misericordiosos, dizendo:

> Bem-aventurados os misericordiosos, que se compadecem dos justos e dos injustos, dos ricos e dos pobres, dos bons e dos maus, entendendo que não existem criaturas sem problemas, sempre dispostos à obra de auxílio fraterno a todos, porque no dia de visitação da luta e da dificuldade receberão o apoio e a colaboração de que necessitem.[87]

É fundamental estarmos conscientes de que necessitamos da Misericórdia Divina e, também, da humana. Pela nossa condição, estamos a todo momento cometendo falhas e desrespeitando a Lei de Deus.

O Pai, por entender a nossa pequenez espiritual, usa de misericórdia conosco, dando-nos novas oportunidades para resgatarmos os equívocos cometidos. Também já precisamos da compaixão de nossos familiares e amigos. Assim, igualmente, é necessário demonstrarmos compaixão pelo nosso irmão.

Embora conheçamos essa orientação de Jesus, na prática, pouco a praticamos. O orgulho ainda é muito forte em nós e nossa postura usual ainda é julgar, criticar e condenar. Temos muita dificuldade para perceber que nosso ponto de vista e nossos conhecimentos são limitados e que nossa opinião é, geralmente, precipitada e incompleta.

---

87 XAVIER, Francisco Cândido. *Cartas e Crônicas*. Pelo Espírito Irmão X. 13. ed. Brasília: FEB, 2012. Cap. 39 (Versão Moderna).

Enquanto não nos colocarmos no lugar do próximo, compreendendo as limitações que ainda existem em todas as pessoas, principalmente no atual estágio evolutivo em que nos encontramos, não conseguiremos ser misericordiosos.

A conquista dessa virtude não é fácil nem rápida. Exige bastante disciplina, persistência e entendimento, aliados ao desejo sincero de mudança para melhor. Precisamos verdadeiramente querer a reforma íntima, pois sem isso não conseguiremos empreender as modificações necessárias. É relevante a observação de Cláudio Fajardo, quando assevera:

> A misericórdia é filha do Amor, ela nasce em Deus e chega até nós pela sintonia que fazemos com Ele, através do vivenciar Suas Leis. Está acima da justiça, porque se esta é dar a cada um o que lhe é direito, a misericórdia dá a mais. *E se qualquer te obrigar a caminhar uma milha, vai com ele duas*, nos ensina o Mestre. É por isso que esta *Bem-Aventurança* está após a da *fome e sede de justiça* [grifos constantes do original].[88]

Tudo inicia com pequenas atitudes que demonstram mais compaixão pela dor e pelo sofrimento do outro. Se lembrarmos de fazer ao outro o que gostaríamos que nos fosse feito, não nos será difícil agir com misericórdia. Aproveitemos as inúmeras oportunidades que surgem e sejamos mais amorosos e caridosos, pois só assim conseguiremos elevar os nossos corações a Deus.

88 FAJARDO, Cláudio. *O Sermão do Monte*. Contagem/MG: Instituto Editorial D'Esperance. 2020. Capítulo 1. As Bem-Aventuranças. p. 25.

17. Qual o sentido de "Bem-aventurados os limpos de coração, porque eles verão a Deus"?

Bem-aventurados os limpos de coração, porque eles verão a Deus.[89]

Nessa frase proferida por Jesus, é pertinente compreender quem são os *limpos de coração* e quais as características daqueles que já o possuem, bem como entender o significado de *verão a Deus*. Seria ver ao Pai com os olhos do corpo físico?

Os limpos de coração são as pessoas que já conseguiram extirpar de suas vidas o egoísmo e o orgulho, promovendo a limpeza interior, a verdadeira reforma íntima.

Os judeus preocupavam-se excessivamente com a limpeza exterior, sendo meticulosos quanto a esse aspecto, tanto na vida particular quanto na pública, durante as práticas religiosas. Jesus, de outro modo, veio ensinar à Humanidade acerca da limpeza da alma. Nossa necessidade é curarmos a sujidade íntima.

Kardec ensina que *"a pureza do coração é inseparável da simplicidade e da humildade."*[90] Tornar-se puro e sem maldade é ser capaz de perceber, de sentir e de agir no bem, penetrando a grandeza dos propósitos do Criador.

Essa pureza de coração é o destino de todo Espírito criado por Deus. Nascemos simples e ignorantes, mas, por meio das inúmeras reencarnações, vamos ficando cada vez mais próximos desse objetivo. Assim, é a pluralidade das existências, em virtude do aprendizado que nelas se realiza, que proporciona a evolução espiritual. Um coração puro, portanto, reflete a luz divina.

---

89 *BÍBLIA ONLINE*. Mateus 5:8. Disponível em: https://www.bibliaonline.com.br/. Acesso em: 13/09/2023.

90 KARDEC, Allan. *O Evangelho Segundo o Espiritismo*. Campos dos Goytacazes/RJ: Editora Letra Espírita. 2023. Capítulo 8 - Bem-aventurados os que têm puro o coração, item 3, p. 110.

O coração simboliza nossas emoções e nossos sentimentos, sejam bons ou ruins. Como é sabido, a verdadeira pureza não está somente nas atitudes, mas igualmente no pensamento. Quem realmente tem o coração puro, nem mesmo pensa no mal. Desse modo, é preciso repelir todas as palavras, todas as ações e todos os pensamentos que do bem se afastem. Como nos diz *O Evangelho Segundo o Espiritismo*:

> Em resumo, naquele que nem sequer concebe a ideia do mal, já há progresso realizado; naquele a quem essa ideia acode, mas que a repele, há progresso em vias de realizar-se; naquele, finalmente, que pensa no mal e nesse pensamento se compraz, o mal ainda existe na plenitude da sua força.[91]

O homem, quando utiliza equivocadamente o seu livre-arbítrio, prejudica a si mesmo e ao seu próximo, refletindo ainda um coração impuro e, como tal, gravita em torno de Espíritos imperfeitos. Como está distante do Pai, não pode vê-Lo, compreendê-Lo nem senti-Lo.

A expressão *verão a Deus* não significa enxergar com os olhos do corpo físico, devendo ser interpretada como iluminação interior. O Codificador, na obra *A Gênese*, ensina:

> Nenhum homem pode, então, ver Deus com os olhos da carne. Se tal favor fosse concedido a alguns, isso não o seria senão num estado de êxtase, no qual a alma se encontra de tal modo desprendida dos laços da matéria, que torna isso possível durante a encarnação. Tal privilégio só seria concedido a almas de escol, encarnadas em missão e não em expiação.[92]

---

91 KARDEC, Allan. *O Evangelho Segundo o Espiritismo*. Campos dos Goytacazes/RJ: Editora Letra Espírita. 2023. Capítulo 8 - Bem-aventurados os que têm puro o coração, item 7, p. 112.

92 KARDEC, Allan. *A Gênese*. 1. ed. Capivari: Editora EME. 2020. Capítulo 2. Deus. Item 36. p. 50.

E continua Kardec:

> Mas como os espíritos de ordem mais elevada resplandecem com um brilho deslumbrante, é possível que os espíritos menos elevados, encarnados ou desencarnados, impressionados com o esplendor que os envolve, creiam ter visto o próprio Deus. Vimos isso, às vezes, quando um ministro é confundido com seu soberano.[93]

O *verão a Deus,* portanto, demonstra que os Espíritos puros estão em condição de perceberem a essência espiritual de Deus. O Espírito que vê a Deus compreende as Leis Divinas e as exemplifica, seguindo os ensinamentos de Jesus. Ainda sobre o tema, vejamos as interessantes considerações de Adenáuer Novaes, que reza:

> Ver a Deus é encontrar-se, percebendo-se em sua própria essência, tal qual sempre desejou estar. É encontrar o sentido e significado da própria vida, conhecendo-se a si mesmo. [...] A visão de Deus é o alcance do amor universal e a condição para a passagem a um outro nível de evolução, mais complexo, mais amplo e mais transcendente.[94]

Infelizmente a maioria da Humanidade ainda vive em constante cegueira para as coisas divinas. Mesmo estando todas as coisas do planeta atestando a magnanimidade de Deus, muitos nada veem nem percebem. É imprescindível limparmos os nossos corações de tudo aquilo que é contrário às Leis de Deus, para que possamos abrir nossa visão e seguir em direção ao Pai.

---

93 KARDEC, Allan. *A Gênese*. 1. ed. Capivari: Editora EME. 2020. Capítulo 2. Deus. Item 36. p. 50.

94 NOVAES, Adenáuer. *Jesus, o Intérprete de Deus*. Volume 1, O Arquétipo Humano. 1. ed. Salvador: Fundação Lar Harmonia. 2012. p. 101-102.

18. Qual o sentido de "Bem-aventurados os pacificadores, porque eles serão chamados filhos de Deus"?

Bem-aventurados os pacificadores porque eles serão chamados filhos de Deus.[95]

Nessa bem-aventurança o ponto crucial é compreendermos o real significado de *pacificador*, pois, normalmente, tal palavra é considerada sinônimo de *pacífico*, quando apresentam diferenças marcantes.

Pacífico é a pessoa amiga da paz. O *pacificador*, além de amigo da paz, é aquele que busca e trabalha pela paz, em atitude ativa. Busca trazer a reconciliação a um mundo arruinado e empobrecido. O pacífico pode ser passivo, apreciar a paz, mas sem agir em seu benefício. Todo pacificador é pacífico, mas nem todo pacífico é pacificador.

Jesus conclama os seres humanos a serem pacificadores, a trabalharem constantemente pela sua paz interior, dos seus irmãos, do meio onde estão inseridos, pela paz do mundo; a atuarem para ver diminuída a discórdia que ainda impera entre os homens, para que todos possam ver-se como verdadeiros irmãos e filhos de um mesmo Pai.

Como podemos observar, essa bem-aventurança convida o homem a deixar a sua indiferença, tornando-se construtor da paz e da concórdia. É o convite para que possamos mobilizar nossa inteligência e nosso coração nessa busca, assumindo um compromisso com Deus de cuidarmos e velarmos pelos outros, amparando-os nos momentos difíceis e enxugando suas lágrimas.

95 BÍBLIA ONLINE. *Mateus 5:9*. Disponível em: https://www.bibliaonline.com.br/. Acesso em: 13/09/2023

Para alcançarmos essa condição, devemos trabalhar a nossa pacificação individual, pois, enquanto não estivermos em harmonia íntima, os conflitos externos existirão e nos deixaremos abalar por eles. Rodolfo Calligaris, abordando sobre o tema, elucida:

> Bem-aventurado aquele que, numa busca pessoal, ingente, descubra o seu Cristo interno e, renunciando ao seu pequenino ego humano, unifique-se com Ele, passando a viver, não mais com mira no próprio proveito, mas desejando ardentemente vir a ser um veículo pelo qual o Amor divino possa chegar até os seus irmãos.[96]

O pacificador leva o pensamento divino às pessoas, atua como verdadeiro filho de Deus. É construtor da paz e honra o Pai com suas atitudes pautadas no amor, na bondade e na compreensão. Por isso, tal como Jesus, será chamado *filho de Deus.*

É importante ressaltar que jamais o Pai irá deserdar seus filhos. Somos nós que d'Ele nos afastamos ao decidirmos seguir contrariamente às Leis Divinas e, embora sejamos filhos, estamos vibratoriamente afastados. *"Ser chamado filho de Deus é estar em sintonia com o Pai, é não só aceitar a Sua vontade, mas dar-lhe cumprimento."*[97]

O pacificador age impulsionado pelo amor aos semelhantes, pois só quem ama trabalha pela pacificação do mundo e das pessoas, estando liberto da mentalidade egoísta e orgulhosa que nos aprisiona ao materialismo.

---

96 CALLIGARIS, Rodolfo. *O Sermão da Montanha.* Brasília: FEB, 2011. Bem-aventurados os pacificadores. p. 12.

97 FAJARDO, Cláudio. ***O Sermão do Monte.*** Contagem/MG: Instituto Editorial D'Esperance. 2020. Capítulo 1. As Bem-Aventuranças. p. 29.

Tem a mente esclarecida e equilibrada, a qual somente pode ser alcançada quando tem por base a paz.

Jesus é nosso maior exemplo. Soube ser pacífico quando aceitou a crucificação por amor a toda a Humanidade, sendo também pacificador quando, em atitude ativa para com seus algozes, perdoou a todos. O Espírito Irmão X, sobre essa bem-aventurança, ensina:

> Bem-aventurados os pacificadores que toleram sem mágoa os pequenos sacrifícios de cada dia, em favor da felicidade de todos, que nunca atiçam o incêndio da discórdia com a lenha da injúria ou da rebelião, porque serão considerados filhos obedientes de Deus.[98]

Somos pacificadores em várias ocasiões: quando estamos pregando e exemplificando o Evangelho; quando ensinamos as verdades de Deus, nosso Pai de amor; quando oramos pelos que ainda não acreditam em Jesus; quando não revidamos uma agressão nas redes sociais; quando não rotulamos ninguém; ou, ainda, quando perdoamos nossos irmãos.

A paz interrompe a guerra de egos, ainda tão presente em nossos dias, pois recebe a agressão sem revidar. A paz prevalece quando, pela nossa determinação pessoal de vivermos em um padrão mais elevado, vencemos a nossa tendência natural para a luta.

O apóstolo Paulo ensinou que, ao sermos justificados pela fé, temos paz com Deus[99]. Colossenses, igualmente, ensina que o sangue de Jesus derramado na cruz realizou uma obra de paz, promovendo a reconciliação

98 XAVIER, Francisco Cândido. *Relicário de Luz*. Por diversos Espíritos. 5. ed. Rio de Janeiro: FEB, 2005. Capítulo Visão Moderna. p. 146.

99 BÍBLIA ONLINE. *Romanos 5:1*. Disponível em: https://www.bibliaonline.com.br/. Acesso em: 13/09/2023.

do ser humano com Deus[100]. Assim, observamos que Jesus foi e continua sendo um pacificador entre Deus e a Humanidade.

Ainda na carta aos Colossenses, Paulo fala dessa responsabilidade que também é nossa, ao afirmar *"assim como o Senhor vos perdoou, assim também perdoai vós"*.[101] Quando lemos Efésios, encontramos mensagem no mesmo sentido, ao dizer "antes, sede uns para com os outros benignos, compassivos, perdoando-vos uns aos outros, como também Deus, em Cristo, vos perdoou".[102]

Portanto, nesse trecho das bem-aventuranças, Jesus ensina aos homens que, tal como Ele, precisamos ser pacificadores em todos os momentos de nossa existência, na matéria ou fora dela.

19. Qual o sentido de "Bem-aventurados os que sofrem perseguição por causa da justiça, porque deles é o Reino dos céus"?

Bem-aventurados os que sofrem perseguição por causa da justiça, porque deles é o reino dos céus.[103]

Para que possamos compreender essa bem-aventurança, é necessário abordar sobre qual justiça Jesus se referiu. Seria a do homem, falha e feita ainda com base no orgulho e no egoísmo da Humanidade, ou a de Deus, sempre imparcial e perfeita? Certamente que se refere à segunda.

Quem vive e busca a Justiça de Deus, pautada na vivência do amor, da humildade e da caridade, nem sempre

---

100 BÍBLIA ONLINE. *Colossenses 1:20-22*. Disponível em: https://www.bibliaonline.com.br/. Acesso em: 13/09/203.

101 BÍBLIA ONLINE. *Colossenses 3:13*. Disponível em: https://www.bibliaonline.com.br/. Acesso em: 13/09/2023.

102 BÍBLIA ONLINE. *Efésios 4:32*. Disponível em: https://www.bibliaonline.com.br/. Acesso em: 13/09/2023.

103 BÍBLIA ONLINE. Mateus 5:10. Disponível em: https://www.bibliaonline.com.br/. Acesso em: 13/09/2023.

receberá a compreensão do mundo, pois este ainda vive obscurecido pela inferioridade moral.

Assim como nos exemplificou Jesus, o discípulo fiel mantém-se firme e insiste na exemplificação do Evangelho, ainda que sob o peso de sacrifícios e incompreensões. Essa é uma bem-aventurança de testemunho.

Sabe que, além do corpo físico e do mundo material, existem os sagrados interesses da Humanidade, que nem todos já compreendem. Assim, serve sem cessar a Deus, trabalhando pelo engrandecimento de todos. Novamente ensina Cláudio Fajardo:

> A primeira fase das *Bem-Aventuranças* é formada pelas sete primeiras. O número sete expressa completude e, em termos evolutivos, podemos entendê-lo como o fechamento de um dos seus ciclos. [...] a oitava Bem-Aventurança tem a mesma recompensa da primeira, mas em um estágio evolutivo diferente. Na primeira, é o *reino do céus* conquistado pela simplicidade, pelo início do processo evolutivo [grifos do original].[104]

E continua o autor:

> Este ciclo termina na sétima Bem-Aventurança – *os pacificadores* – porque tendo estes conquistado a condição de *Filhos de Deus*, por já terem se ajustado à Lei do Criador, podem dar um novo passo testemunhando a justiça em prol dos menos evoluídos, sendo por isto perseguidos no mundo, mas recompensados no Reino [grifos do original].[105].[106]

104 FAJARDO, Cláudio. *O Sermão do Monte*. Contagem/MG: Instituto Editorial D'Esperance. 2020. Capítulo 1. As Bem-Aventuranças. p. 31.

105 FAJARDO, Cláudio. *O Sermão do Monte*. Contagem/MG: Instituto Editorial D'Esperance. 2020. Capítulo 1. As Bem-Aventuranças. p. 31.

106 FAJARDO, Cláudio. *O Sermão do Monte*. Contagem/MG: Instituto Editorial D'Esperance. 2020. Capítulo 1. As Bem-Aventuranças. p. 32.

Jesus, quando aqui esteve, exemplificou-nos sobre o verdadeiro código de justiça. Toda ação e todo pensamento do Mestre retratava a Lei de Justiça, de Amor e de Caridade, valores que estão intrinsecamente relacionados. O problema é que ainda temos muita dificuldade de viver como Jesus, de acatarmos a Sua justiça, pois, diante das perseguições, não raro, fraquejamos.

Se pensarmos bem, veremos o quão bem-aventurado é o perseguido pelo amor à solidariedade, à ordem, ao progresso, à paz e ao amor. Quem aqui é perseguido pela defesa desses valores terá a graça de ser aceito no Reino dos Céus, viverá em paz, com felicidade e harmonia.

O Mestre, quando em diálogo com seus discípulos, nunca lhes prometeu as glórias do mundo. Sabendo a condição evolutiva da Terra e dos que a habitam, sempre os alertou acerca das injúrias e calúnias que sofreriam por resolverem segui-Lo.

Infelizmente, ainda hoje vemos a perseguição e a animosidade para com os que buscam a justiça e o amor entre os homens. Os que trabalham pela fraternidade universal continuam, entretanto, sua caminhada rumo aos ideais divinos, não se deixando esmorecer ante a incompreensão do mundo. E, com isso, o mundo marcha e segue para a regeneração.

A expressão *Reino dos Céus*, como já foi detalhadamente explicada na pergunta *Qual o sentido de "Bem-aventurados os pobres de Espírito, porque deles é o Reino dos céus"?*, significa essencialmente um estado de consciência do Espírito, independentemente de estar encarnado ou desencarnado.

20. Qual o sentido de "Bem-aventurados sois vós, quando vos injuriarem e perseguirem e,

mentindo, disserem todo o mal contra vós por minha causa"?

Bem-aventurados sois vós, quando vos injuriarem e perseguirem e, mentindo, disserem todo o mal contra vós por minha causa. Folgai e exultai, porque o vosso galardão é copioso nos Céus, pois assim também perseguiram os profetas que foram antes de vós.[107]

Essa bem-aventurança é o ápice. Tem forte relação com a anterior, no sentido de serem felizes todos aqueles que sofrem pelo Cristo, pelo seu Evangelho e pela exemplificação da Sua justiça. Quem chega nessa bem-aventurança alcançou todas as fases precedentes.

É uma alegria participarmos das aflições do Cristo. Sofrermos injúrias e perseguições por causa d'Ele é mérito de poucos, pois esses podem ser considerados os verdadeiros discípulos de Jesus. Por isso Ele disse *folgai e exultai.*

A bem-aventurança anterior refere-se aos perseguidos por causa da justiça, já esta traz um grau mais elevado, presenteando todos os perseguidos por causa do Cristo, que é o puro Amor. *"O que pauta sua conduta pela justiça, ainda pode estar ligado à retaguarda, mas o que tem o Amor como inspiração, situa-se na vanguarda do Bem, e o mal já não existe mais em sua intimidade."*[108]

Essa perseguição ainda é muito comum e vem não apenas de pessoas encarnadas, mas de desencarnadas também. Quantos não são obsidiados pelo simples fato de serem trabalhadores do Cristo, de se colocarem na Terra como Seus seareiros? Muitos.

107 BÍBLIA ONLINE. *Mateus 5:11*. Disponível em: https://www.bibliaonline.com.br/. Acesso em: 13/09/2023.

108 FAJARDO, Cláudio. *O Sermão do Monte.* Contagem/MG: Instituto Editorial D'Esperance. 2020. Capítulo 1. As Bem-Aventuranças. p. 33.

Dizem *mentiras* sobre esses bem-aventurados, são atacados de forma injusta. Como pautam suas vidas no amor, superando as adversidades da vida material, não estão mais vinculados aos erros mundanos. Logo, tudo que é dito contra eles é mentira.

Tal fato, porém, não deve ser visto com desestímulo ou tristeza. Se angariamos inimigos, não menos verdade é o fato de granjearmos muitos amigos da luz, em número muito maior e com mais força. O bem sempre supera o mal, sendo o amor o destino de todas as criaturas.

Quanto maiores forem os golpes recebidos por causa de Jesus Cristo, maiores serão as recompensas celestes. O *galardão será copioso nos Céus.*

Se pensarmos bem, sermos perseguidos, como foram os profetas e os cristãos dos primeiros séculos, é uma grande honra. Lembremos que a esses é reservada uma grande bênção nos céus. A felicidade não deve ser buscada nesse mundo, pois ela transcende esta vida. Inclusive, o apóstolo Pedro faz a isso referência, quando diz:

> Mas alegrai-vos no fato de serdes participantes das aflições de Cristo, para que também na revelação da sua glória vos regozijeis e alegreis. Se pelo nome de Cristo sois vituperados, bem-aventurados sois, porque sobre vós repousa o Espírito da glória e de Deus; quanto a eles, é ele, sim, blasfemado, mas quanto a vós, é glorificado. *Que nenhum de vós padeça como homicida, ou ladrão, ou malfeitor, ou como o que se entremete em negócios alheios; Mas, se padece como cristão, não se envergonhe, antes glorifique a Deus nesta parte* [grifos nossos].[109]

Devemos estar atentos às palavras do apóstolo quando nos orienta a não confundirmos os tipos de perseguição: o

109 BÍBLIA ONLINE. Pedro 4:13-16. Disponível em: https://www.bibliaonline.com.br/. Acesso em: 13/09/2023.

ser pisado pelos homens e o *ser bem-aventurado por sofrer perseguições*. Se os cristãos forem perseguidos por causa do Evangelho, são bem-aventurados, mas, de outro modo, há aqueles que sofrem e padecem por agirem de modo contrário às Leis de Deus, em negócios escusos. Estes, obviamente, não podem ser considerados como os felizes dessa bem-aventurança.

Capítulo III
Parábolas Encontradas Unicamente nos Evangelhos de Mateus, Marcos E João

21. Por que Jesus falava por parábolas?

E chegando-se a ele os discípulos, perguntaram-lhe: Por que lhes falas por parábolas? Respondeu-lhes Jesus: Porque a vós é dado conhecer os mistérios do Reino dos Céus, mas a eles não lhes é isso dado. Pois ao que tem, dar-se-lhe-á e terá em abundância; mas ao que não tem, até aquilo que tem ser-lhe-á tirado. Por isso lhes falo por parábolas, porque vendo não veem; e ouvindo não ouvem e nem entendem.[110]

Todas essas coisas falou Jesus ao povo em parábolas, e nada lhes falava sem parábolas; para que se cumprisse o que foi dito pelo profeta: Abrirei em parábolas a minha boca, e publicarei coisas escondidas desde a criação.[111]

Antes de explicarmos o motivo pelo qual Jesus falava por parábolas, precisamos entender o que é uma parábola.

110 BÍBLIA ONLINE. *Mateus 13:10-13*. Disponível em: https://www.bibliaonline.com.br/. Acesso em: 13/09/2023.

111 BÍBLIA ONLINE. *Mateus 13:34-35*. Disponível em: https://www.bibliaonline.com.br/. Acesso em: 13/09/2023.

Segundo o dicionário, parábola é uma *"comparação desenvolvida em uma história curta, cujos elementos são eventos e fatos da vida cotidiana e na qual se ilustra uma verdade moral ou espiritual"*.[112]

É uma pequena história fictícia, criada com o fim de trazer uma mensagem ou de ensinar uma lição. Como nos textos bíblicos há muitas parábolas ao lado de narrativas reais, é comum observarmos algumas parábolas serem confundidas e abordadas como se fossem histórias verídicas.

O termo parábola origina-se do grego *parabolé*, que significa "comparação", "colocar as coisas lado a lado" ou mesmo "fazer um paralelo". Embora não seja real, utiliza ilustrações do cotidiano, estabelece uma comparação com tais episódios e transmite ensinamentos e sabedoria.

Adentrando no cerne da pergunta e considerando as palavras de Jesus nas narrativas acima, resumimos em seis tópicos as razões para o uso das parábolas.

1. *Ensinamento proporcional à inteligência de quem recebe.* Jesus sabia que a Humanidade da época não estava em condições de inteligência e moralidade para tudo compreender, motivo pelo qual não podia falar abertamente sobre determinados assuntos. O povo não entenderia, sendo necessário que o tempo permitisse ao homem o desenvolvimento de valores suficientes para tal compreensão.

Usando das parábolas, o Cristo permitia que o entendimento da mensagem fosse dado conforme a evolução de cada um. As narrativas destinavam-se a todos os públicos e as mensagens ali presentes eram completas, mesmo que fossem descobertas paulatinamente, de forma individual.

112 DICIONÁRIO ONLINE DE PORTUGUÊS. Parábola. Disponível em: https://www.dicio.com.br/parabola/. Acesso em: 11/08/2022.

À proporção que a Humanidade cresce em inteligência e em moralidade, abarca outros ensinamentos presentes nas parábolas e que antes eram ignorados.

Escolhendo determinados símbolos, Jesus lançava em nós uma mensagem, uma ideia que nos caberá decifrar, segundo o conhecimento e a maturidade que apresentamos. O desafio é exatamente identificarmos o que está além da letra, subentendido na simbologia utilizada. É, exatamente, com a reflexão acerca da parábola e dos seus ensinamentos que o Evangelho vai se fixando no ser humano.

Justamente por isso foi dito *ao que tem, dar-se-lhe-á e terá em abundância.* Espíritos mais preparados, que apresentam esse amadurecimento moral e intelectual, recebem mais, indo além das alegorias simples e fáceis de memorizar.

Jesus procede com o povo da mesma forma que agimos com uma criança, cujas ideias ainda não se completaram. Tudo a seu tempo. Ainda hoje sentimos dificuldades em compreender as parábolas em sua completude, mesmo *O Evangelho Segundo o Espiritismo* elucidando muitas questões e explicando as várias metáforas existentes nas narrativas evangélicas.

Quando o Mestre afirma *por isso lhes falo por parábolas, porque vendo não veem; e ouvindo não ouvem e nem entendem*, verifica-se claramente que a maioria do povo judeu, assim como os fariseus, ouviam as parábolas e nelas só viam a figura alegórica, ficando muito distantes de captar os ensinamentos morais.

> 2. *Facilitar a memorização e a transmissão das verdades ao longo do tempo.* As parábolas prendiam a atenção do público, eram narrativas que contavam uma história, com personagens e diálogos. Isso as tornava muito mais fáceis de

serem memorizadas e transmitidas, em detalhes, ao longo do tempo.

3. *Desarmar os ouvintes.* As parábolas, como uma técnica de ensino, criavam um ambiente favorável e desarmavam os ouvintes, acabando com eventuais resistências, pois *"o significado de uma parábola era frequentemente percebido antes mesmo que as pessoas pudessem negar a questão apresentada"*[113]. Com isso Jesus eliminava a hostilidade que pudesse existir entre aqueles que o ouviam.

4. *Evitar que os ensinos fossem deturpados.* Por ignorância, ou mesmo por má-fé, a mensagem do Cristo poderia ser deturpada pelo homem, se fosse adequada aos seus interesses. Jesus tinha conhecimento disso, motivo pelo qual buscou meios de evitar tal acontecimento. As parábolas, sendo histórias, mais dificilmente seriam adulteradas.

5. *Tornar os ensinos mais claros.* Por meio de comparações com fatos da vida cotidiana, Jesus levava o Evangelho e se fazia compreendido. Nem tudo Ele ensinou por parábolas, mas tão somente os aspectos mais filosóficos da sua Doutrina. Ensinamentos referentes à caridade e ao amor, por exemplo, foram claros e explícitos, não deixando margens a interpretações diferentes.

Jesus elegia uma figura para contar a sua história. Avaliava qual ensinamento desejava transmitir e para qual público se destinava. A partir daí, conhecendo as pessoas, as profissões e as condições da época, utilizava-se delas para ensinar.

---

113 KREMER, Frederico Guilherme da Costa. *Jesus de Nazaré. Uma narrativa da vida e das parábolas.* 1. ed. Brasília: FEB, 2016. O desafio das parábolas. p. 33.

6. *Permitir a aplicação pessoal de cada parábola.* As parábolas, além da apreciação estritamente intelectual, permitiam a cada pessoa enxergar-se na história contada. Nela se vendo incluída, é possível que cada um reflita melhor acerca de como deve agir e o que precisa mudar em sua vida para caminhar segundo as Leis de Deus.

Usar das parábolas como forma de ensino não foi uma metodologia inaugurada por Jesus. Os escribas já a usavam no Antigo Testamento. Jesus estava, portanto, em concordância com os mecanismos existentes à época, com simplicidade e sem modificar a cultura do povo.

Tais explicações foram também trazidas pelos Espíritos em *O Livro dos Espíritos*; ao serem questionados sobre a utilidade do ensino dado por eles, considerando que Jesus apresentou as verdadeiras Leis de Deus, eles responderam:

> Jesus empregava amiúde, na sua linguagem, alegorias e parábolas, porque falava de conformidade com os tempos e os lugares. Faz-se mister agora que a verdade se torne inteligível para todo mundo. Muito necessário é que aquelas leis sejam explicadas e desenvolvidas, tão poucos são os que as compreendem e ainda menos os que as praticam [...]. O ensino dos Espíritos tem que ser claro e sem equívocos, para que ninguém possa pretextar ignorância e para que todos o possam julgar e apreciar com a razão [...]. Daí a necessidade de que a ninguém seja possível interpretar a Lei de Deus ao sabor de suas paixões, nem falsear o sentido de uma lei toda de amor e de caridade.[114]

É chegado o tempo de compreendermos os ensinos profundos das parábolas. Examinando-as, observamos

114 KARDEC, Allan. *O Livro dos Espíritos*. Campos dos Goytacazes/RJ: Editora Letra Espírita, 2022. Q. 627, p. 243.

que trazem princípios de ordem moral, ensinando o homem a se conduzir da melhor forma para alcançar a evolução espiritual.

Segundo o autor Frederico Kremer, dentre os ensinamentos abordados nas parábolas, o Mestre falou sobre o Reino de Deus, a salvação, o juízo, a sentença, a misericórdia e a confiança.[115] Com a Doutrina Espírita, é possível entendermos com clareza o real significado dessas palavras, interpretando-as, não com base na visão materialista do mundo, mas nos valores imortais do Espírito.

A respeito do Reino de Deus, a Doutrina Espírita destaca ser uma condição íntima, um estado vibracional vivenciado por todos os que cumprem a vontade de Deus. As parábolas ensinam sobre a participação e a construção desse Reino, assim como os valores nele existentes.

Quando o homem vivencia esse Reino, é pleno e feliz em qualquer condição. Consegue dar valor à própria vida, preenchendo o vazio que leva tantos a viverem de modo fútil e egoísta.

A *salvação* é abordada nos textos das parábolas como uma retribuição divina à fidelidade do homem ao Pai, pois o caminho da salvação conduz todos ao Reino de Deus.

Todavia, os questionamentos usuais à época eram como se daria essa salvação, se ela seria material ou espiritual. Sabemos hoje que Jesus fala sobre questões eminentemente espirituais, mas sem humildade e amor, não se consegue apreender tais verdades.

O *juízo* é trazido como uma condição para ser salvo, fazendo com que o homem busque o quanto antes iniciar esse processo de renovação. Jesus, ao abordar nas parábolas sobre a prestação de contas das concessões

---

115 KREMER, Frederico Guilherme da Costa. *Jesus de Nazaré: uma narrativa da vida e das parábolas*. 1. ed. Brasília: FEB, 2016. Introdução. Por que parábolas? p. 37-54.

e dos talentos recebidos, faz alusão a esse juízo. A cada desencarnação, portanto, vivenciamos um certo juízo, podendo resultar até mesmo em separação temporária dos Espíritos, através do exílio para outros orbes mais primitivos.

As parábolas abordam, também, a *sentença* à qual estão submetidos todos aqueles que rejeitam a mensagem espiritual. Surge como uma consequência do juízo, sendo também trazida por Jesus, embora não de forma tão enfática.

As conhecidas penas eternas defendidas pelo Cristianismo, por exemplo, podem decorrer de uma interpretação simbólica das lições do Cristo. O Espiritismo, de outro modo, ensina que não há penas eternas, mas as dores das reencarnações, como mecanismo de expiação e de reparação às Leis de Deus.

Um dos objetivos de Jesus nas parábolas foi também demonstrar a *Misericórdia* de Deus, até então apresentado como um Pai vingativo, de guerras, ciumento e intolerante. Sua misericórdia é anunciada e exemplificada por um amor compassivo, presente em todas as suas ações e em todos os seus ensinamentos.

Essa nova visão da divindade apresentada pelo Cristo era importante para os considerados pecadores e excluídos da salvação, como os leprosos, os pagãos, os publicanos, os de má vida etc. Jesus traz a terapêutica do amor e não da culpa, com fundamento na Misericórdia de Deus.

Outra mensagem de extrema importância ensinada por Jesus, por meio das parábolas, foi a *confiança* ou a *fé* em Deus, que deve nortear sempre a vida do homem.

Confiança irrestrita, que é demonstrada e ratificada através da oração, instrumento de ligação com a divindade. A prece, quando desprovida da confiança em Deus, não surte efeito. A fé em Deus diminui temores e nos dá firmeza, fazendo com que sigamos fiéis ao Criador.

Além disso, observamos outros valores espirituais abordados nas parábolas, como a conquista da vida eterna, a importância de amarmos a Deus e ao próximo, a caridade e a abnegação, e o desinteresse pelas coisas materiais, destacando as conquistas espirituais.

O Benfeitor Emmanuel, tecendo considerações acerca das parábolas, afirma serem elas *"sementes divinas que desabrocharam, mais tarde, em árvores de misericórdia e de sabedoria para a humanidade"*.[116]

Por isso, ao conhecermos uma parábola, não devemos nos perguntar o que a narrativa significa, mas o que tem a nos ensinar naquele momento, conforme a nossa capacidade de compreensão.

22. Como entender a Parábola do Trigo e do Joio?

Propôs-lhes outra parábola, dizendo: O reino dos Céus é semelhante ao homem que semeia boa semente no seu campo; mas, dormindo os homens, veio o seu inimigo, e semeou o joio no meio do trigo, e retirou-se. E, quando a erva cresceu e frutificou, apareceu também o joio. E os servos do pai de família, indo ter com ele, disseram-lhe: Senhor, não semeaste tu no teu campo boa semente? Por que tem, então, joio? E ele lhes disse: Um inimigo é quem fez isso. E os servos lhe disseram: Queres, pois, que vamos arrancá-lo? Ele, porém, lhes disse: Não; para que, ao colher o joio, não arranqueis também o trigo com ele. Deixai crescer ambos juntos até à ceifa; e, por ocasião da ceifa, direi aos ceifeiros: colhei

116 XAVIER, Francisco Cândido. *O Consolador*. Pelo Espírito Emmanuel. [s.l.]: L. Neilmoris, 2009. Questão 290. p. 97.

primeiro o joio e atai-o em molhos para o queimar; mas o trigo, ajuntai-o no meu celeiro.[117]

Em linhas gerais, a narrativa fala do ciclo evolutivo da Terra e da sua renovação espiritual. Aborda a luta entre o bem e o mal, esse confronto existente em nosso campo íntimo e em nosso planeta.

Ensina, também, que a convivência simultânea de ambos oportuniza o aprendizado e a transformação do homem, favorecendo o crescimento para Deus. Por fim, demonstra que a dor é um último recurso utilizado por Deus para purificar as criaturas.

Examinando cada parte da parábola, começamos com a expressão *outra parábola.* Significa uma oportunidade para trazer uma visão diferente daquela que se tem até aquele momento. Trazer mais luz com outros conceitos e ideias renovadoras.

É uma estratégia pedagógica, sem imposição, mas uma proposição para a renovação de entendimento. Era como se dissesse: "Vamos ver por esse outro ponto de vista?" Jesus age assim. Não nos impõe a doutrina do amor, mas gentilmente a sugere por meio de exemplos.

O *Reino de Deus* é uma construção íntima, no reino dos nossos corações. O céu ou o inferno habita dentro de cada um de nós. Esse reino é aquele onde habitam as boas ações. O Reino de Deus é comparado a um campo, porque a ele não se chega sem trabalho, semeadura e plantação.

Ninguém alcançará a plenitude espiritual, o Reino de Deus, sem antes retirar do seu próprio coração o joio que ali ainda cresce. Esse processo de semeadura está presente não só na natureza, mas dentro de nós.

117 BÍBLIA ONLINE. *Mateus 13:24-30*. Disponível em: https://www.bibliaonline.com.br/. Acesso em: 13/09/2023.

O *homem* que semeia é, essencialmente, Jesus, que vem semeando há milênios a boa semente em nossos corações. Entretanto, ainda podemos entender como semeador todos aqueles que buscam semear, em si mesmos e no próximo, o bem. Atualmente podemos ser também semeadores, porque trazemos a bondade da boa semente em nossos corações.

A *boa semente* é o trigo, as Leis de Deus e o seu Evangelho de amor. São todas as virtudes que fazem o Espírito crescer e evoluir, intelectual e moralmente. Deixando a boa semente crescer no coração, o homem se libertará das imperfeições e alcançará sua destinação maior, a perfeição.

O *campo* tem um significado amplo. É o coração de cada um de nós, o mundo mental no qual estamos tentando semear a boa semente. Pode também, entretanto, representar a Humanidade, a Casa Espírita, o local de trabalho, o ambiente familiar, as redes sociais etc.

Todo lugar em que possamos semear a boa semente é considerado um campo de trabalho. O campo de Jesus, por exemplo, é o mundo inteiro.

O *dormindo os homens* pode ser entendido como um momento de repouso ou de invigilância. O repouso é digno, mas não pode representar preguiça, ociosidade ou invigilância. Enquanto estamos caminhando por esse campo, se não houver a devida atenção, uma outra plantação pode ocorrer, que não a de Deus.

O uso da conjunção adversativa *mas* traz esse sentido, de algo diferente daquilo que foi dito antes. É semente de uma plantação diversa, essencialmente humana e não divina.

O *inimigo* é todo aquele que lança o mal junto ao bem. São os adversários da doutrina cristã e, também, os que não simpatizam conosco e querem o nosso mal. Pode, ainda, ser nós mesmos, quando, voluntariamente, caminhamos para longe do amor de Deus, usando o livre-arbítrio de modo contrário.

Lembremos que nem sempre o inimigo vem de fora. Somos nossos maiores inimigos, sendo a luta mais interna que externa. Nesse sentido, o livro *Alma e Coração* adverte:

> Mencionamos com muita frequência que os inimigos exteriores são os piores expoentes de perturbação que operam em nosso prejuízo. Urge, porém, olhar para dentro de nós, de modo a descobrir que os adversários mais difíceis são aqueles que não nos podemos afastar facilmente, por se nos alojarem no cerne da própria alma.[118]

A *erva má, o joio* é uma planta que apresenta semelhança com o trigo, mas é um cereal venenoso e que causa náuseas. Representam todas as ações contrárias ao bem e às Leis de Deus, semeadas quando estamos desatentos, *dormindo*, e que podem trazer grandes prejuízos. São todas as imperfeições que provêm do materialismo, da ignorância e das paixões menos dignas.

O *semeou o joio no meio do trigo* tem significado específico. Jesus escolheu o joio para ensinar, exatamente por serem ambos, joio e trigo, parecidos e poderem se desenvolver juntos. Assim é o mal, muitas vezes se mistura ao bem, querendo mesmo com ele ser confundido. Assim como na parábola, é a vida, onde vemos ações infelizes ao lado de belas e positivas realizações humanas.

O *retirou-se* traz também um interessante significado. Demonstra que o mal opera às escondidas. O homem que

---

118 XAVIER, Francisco Cândido. *Alma e coração*. São Paulo: Pensamento, 1969. Cap. 31. Inimigos ocultos. p. 71.

ainda não se cristianizou implanta o mal e se retira, mas tem o cuidado de ficar observando os efeitos da sua plantação danosa.

Quando a erva cresceu e apareceu também o joio, os servos do homem surpreenderam-se, perguntando ao Senhor qual o motivo de haver crescido o joio se a plantação era de trigo. O questionamento: *por que tem, então, joio?,* representa a nossa conduta diante do erro.

Ainda queremos culpar, saber a origem do mal. Queremos nos colocar na condição de justiceiros de Deus, promover o julgamento e aplicar a sanção. Nosso orgulho, como normalmente ocorre, coloca-nos em equivocada posição de superioridade. Temos dificuldades de crescer juntos para ajudar.

Os *servos* são os trabalhadores, os instrumentos utilizados por Jesus no desenvolvimento da Sua semeadura. Trabalham subordinados à Lei de Amor, mas nem todos já apresentam a maturidade devida para bem ajudar.

Como os servos da narrativa que, querendo resolver logo o problema, pediram para *arrancar* o joio violentamente, somos nós. Muitas vezes desejamos ajudar, mudar as pessoas, mas o queremos imediatamente. Essa mudança cabe a nós? Ninguém muda ninguém, cada um muda a si mesmo.

Não se arranca, em ato de violência, o joio de ninguém. Qual mérito teríamos se arrancassem subitamente o mal de nós? A pureza desejada é uma construção. Precisamos deixar crescer o trigo em nós e irmos, à medida que a erva boa cresce, retirando de nossos corações a erva má.

À pergunta dos servos, o Senhor respondeu negativamente dizendo que*, ao colher o joio, não arranqueis também o trigo com ele.* Sugeriu deixar *crescer ambos* *juntos até à ceifa,* pois, durante o crescimento, o joio confunde-se com o trigo, sendo mais fácil distingui-los quando se formam as espigas. Tal orientação de Jesus traz ensinamentos sublimes.

Dois aspectos podem ser destacados nessa parte do texto: um individual e outro coletivo. No primeiro, significa que nem sempre percebemos a presença do mal em nós, às vezes ele precisa crescer para ser enxergado. No início é muito difícil fazermos essa identificação. Só com a nossa maturidade, conseguimos identificar aquilo que não é bom.

Em nós, as duas sementes também estão juntas e precisaremos tirar esse joio de forma cuidadosa, sem agressão. O crescimento simultâneo nos possibilita entender sobre as virtudes e perceber mais claramente as nossas imperfeições.

Aos poucos vamos transformando o joio em trigo, e essa transformação será possível mediante as novas oportunidades que a vida nos oferece cotidianamente. Devemos, entretanto, saber aproveitá-las.

No aspecto coletivo, representa os males da sociedade, presentes ao lado das coisas boas, do bem, da bondade e do amor. O bem e o mal precisam crescer lado a lado para serem claramente identificados e discernidos. Precisamos analisar e observar para podermos distinguir o bom do ruim. Sobre o crescimento simultâneo ensina Emmanuel:

> Quando Jesus recomendou o crescimento simultâneo do joio e do trigo, não quis senão demonstrar a sublime tolerância celeste, no quadro das experiências da vida. O Mestre nunca subtraiu as oportunidades de crescimento e santificação do homem e, nesse sentido, o próprio mal, oriundo das paixões menos dignas, é pacientemente examinado por seu infinito amor, sem ser destruído de pronto.

> Importa considerar, portanto, que o joio não cresce por relaxamento do Lavrador divino, mas sim porque o otimismo do celeste Semeador nunca perde a esperança na vitória final do bem.[119]

Jesus, portanto, examina e espera a transformação. O crescimento simultâneo demonstra Misericórdia Divina, pois entende que o aprendizado se faz também ao lado do joio. A convivência entre joio e trigo é *"recomendada pelo Senhor como forma de evitar atitudes separatistas violentas entre as pessoas. A convivência é a palavra-chave no processo evolutivo"*[120].

Por ocasião da ceifa representa o tempo. É ele o grande ceifador. É uma referência ao juízo e à sentença. Esse tempo não é bom nem mau, pois depende da nossa plantação, se é joio ou trigo. Como sabemos, não há saltos na natureza, sendo preciso ocorrer a semeadura, a germinação, o crescimento e a frutificação.

Da mesma forma ocorre com o bem e o mal. Quem planta um ou outro, a seu tempo, assim colherá, segundo a qualidade da sua semeadura. Cada criatura tem seu tempo de avaliação pela Justiça Divina. Há um tempo certo para cada indivíduo e para cada coletividade, até que chegue a hora da ceifa, tempo de expectativa e de observação. A respeito desse tempo, assevera o Espírito Emmanuel:

> Eis por que, aparecendo o tempo justo, de cada homem e de cada coletividade exige-se a extinção do joio, quando os processos transformadores de Jesus foram recebidos em vão. Nesse instante, vemos a individualidade ou o povo a se agitarem em razão de

---

119 XAVIER, Francisco Cândido. *Vinha de luz*. Pelo Espírito Emmanuel. 24. ed. Rio de Janeiro: FEB, 2006. Capítulo 107. Joio. p. 243.

120 KREMER, Frederico Guilherme da Costa. *Jesus de Nazaré: uma narrativa da vida e das parábolas*. 1. ed. Brasília: FEB, 2016. Introdução. Capítulo 12. A parábola do joio e do trigo. p. 137.

> aflições e hecatombes diversas, em gritos de alarme e socorro, como se estivessem nas sombras de naufrágio inexorável [...].[121]

A *ceifa* expressa o momento final da produção agrícola. Quando o Senhor examinará o resultado da nossa semeadura, aferirá o aprendizado desenvolvido pelo Espírito. Seria o juízo, representado no momento de transformação do planeta da condição de mundo de provas e expiações para mundo de regeneração.

Os *ceifeiros* são os Espíritos ou Anjos do Senhor, aqueles tarefeiros perfeitamente sintonizados com o bem e com o amor. São os cooperadores conscientes e que detêm maiores responsabilidades junto ao Pai.[122] Portanto, não nos coloquemos na condição de ceifeiros, Jesus tem os seus.

O unir *em molhos o joio para o queimar* simboliza a chegada da dor que transforma e purifica. Isso se dará por meio das reencarnações expiatórias, no mesmo orbe ou em outros mais primitivos. Reunir em molhos é uma ação severa, mas que não deve ser interpretada como castigo, maldade ou penas eternas, mas como misericórdia.

Quando as dores e as decepções estão fazendo o seu serviço, o homem consegue enxergar valores que antes não via. Modifica-se e cresce espiritualmente. Ensina Frederico Guilherme da Costa Kremer:

> É na matéria que as vibrações são equalizadas, isto é, existe convivência entre Espíritos de diferentes estágios evolutivos, o que não acontece no Plano

---

121 KREMER, Frederico Guilherme da Costa. *Jesus de Nazaré: uma narrativa da vida e das parábolas*. 1. ed. Brasília: FEB, 2016. Introdução. Capítulo 12. A parábola do joio e do trigo. p. 244-245.

122 Estudo Aprofundado da Doutrina Espírita. Livro 2. *Ensinos e parábolas de Jesus*. Parte 1. Marta Antunes de Oliveira de Moura (organizadora). 1. ed. Brasília: FEB, 2015. O trigo e o joio. p. 156.

Espiritual. Lá, só existe convivência entre Espíritos de mesma condição vibracional, isto é, o bom com o bom, ou o ignorante com o ignorante.[123]

O celeiro do Senhor pode ser interpretado como a Terra. *Ajuntai-o no meu celeiro* significa reunir no planeta regenerado todos aqueles que souberam desenvolver dentro de si as virtudes do amor e da verdadeira caridade. No celeiro divino só há lugar para o bem, para a semente do trigo.

Quando tivermos confiança em Deus e em Suas Leis, acreditando em Seu amor e em Sua proteção divina, transformaremos nosso campo íntimo e faremos parte daqueles que trabalham nos processos renovadores do mundo.

23. Como entender a Parábola do Tesouro Escondido e da Pérola?

Também o reino dos céus é semelhante a um tesouro escondido num campo, que um homem achou e escondeu; e, pelo gozo dele, vai, vende tudo quanto tem, e compra aquele campo. Outrossim o reino dos céus é semelhante ao homem, negociante, que busca boas pérolas; E, encontrando uma pérola de grande valor, foi, vendeu tudo quanto tinha, e comprou-a.[124]

A narrativa traz duas parábolas que buscam sedimentar o novo conceito trazido por Jesus relativo ao *Reino de Deus*, essencialmente espiritual e não material. Compara o Reino de Deus a figuras de valor para o mundo, como o

123 KREMER, Frederico Guilherme da Costa. Jesus de Nazaré: uma narrativa da vida e das parábolas. 1. ed. Brasília: FEB, 2016. Introdução. Capítulo 12. A parábola do joio e do trigo. p. 138.

124 BÍBLIA ONLINE. *Mateus 13:44-46*. Disponível em: https://www.bibliaonline.com.br/. Acesso em: 13/09/2023.

tesouro e a pérola, pois ainda precisamos de comparações materiais para compreendermos as coisas espirituais.

O Reino de Deus é de plenitude espiritual e será vivido pelos que compreendem serem os valores espirituais preponderantes sobre os materiais, não importando que precisem fazer sacrifícios para conquistar essa ventura. Nesses, impera o desapego aos bens da matéria, por compreenderem quais são as reais necessidades para a conquista da felicidade.

O Reino dos Céus, portanto, é o tesouro verdadeiro, a pérola de valor inestimável que devemos todos almejar além de tudo, por ser mais valioso que qualquer riqueza ou bem que o mundo possa oferecer.

O Reino dos Céus ainda é para o homem um tesouro oculto, sendo pouco compreendido pela Humanidade. O Espírito Emmanuel, sobre o Reino dos Céus, ensina:

> Afirma Jesus que o Reino de Deus não vem com aparência exterior. [...] Expressões transitórias de poder humano não atestam o Reino de Deus. A realização divina começará do íntimo das criaturas, constituindo gloriosa luz do templo interno.[125]

O *tesouro escondido* e a *pérola de grande valor* representam as riquezas espirituais e o Evangelho, que são os tesouros imperecíveis da alma. Ao serem vivenciados em sua plenitude, transformam o Espírito, fazendo-o alcançar a pureza espiritual. O fato de Jesus comparar o Reino dos Céus a um tesouro escondido e a uma pérola demonstra não ser tão fácil alcançá-lo.

Para encontrar um tesouro escondido ou uma pérola rara e valiosa, é preciso muito esforço, empenho, dedica-

---

125 XAVIER, Francisco Cândido. *Caminho, verdade e vida*. Pelo Espírito Emmanuel. [s.l]: L. Neilmoris, 2008. Cap. 107. Vinda do reino. p. 119.

ção e fé. *"Para a aquisição da Pérola do Reino dos Céus o homem precisa vender o Reino do Mundo."*[126]

Portanto, nenhum de nós alcançará o *Reino dos Céus* e a plenitude espiritual sem o trabalho árduo de renovação íntima, reduzindo o nosso personalismo para que seja possível brilhar a nossa pérola interior.

Será necessário ao Espírito passar por provações e dores, mas, superando-as, brilhará a sua luz. A parábola fala exatamente da beleza e da luz que surgem após momentos de dores e de lágrimas.

O *campo* onde o tesouro foi encontrado pode ser comparado ao planeta Terra, local onde o homem enfrenta as lutas pela sua transformação pessoal e vive as experiências que lhe ofertam o aprendizado. É buscando nesse vasto campo, durante as várias existências materiais ou na erraticidade, que o Espírito ascenderá a um patamar evolutivo maior.

Nesse momento, estará em condições de abdicar da matéria pelo Espírito. É isso que significa o *vender tudo o que tem* para *comprar* o campo e a pérola. Quando o homem verdadeiramente compreende a importância dos bens espirituais, troca tudo por eles, submete-se a qualquer tipo de esforço.

O homem percebe que, para ter o Reino de Deus no coração, qualquer sacrifício é válido, pois não o entende como algo abstrato e inatingível, mas real e palpável, desde que esteja disposto a adquiri-lo. Observa-se, todavia, que Jesus não está dizendo que devemos sair pelo mundo vendendo tudo o que possuímos.

Diz que deveríamos estar dispostos. O "estar disposto" significa compreensão das verdades espirituais, saber

---

126 SCHUTEL, Cairbar. *Parábolas e ensinos de Jesus*. Matão: O Clarim, [2018?]. Item: A parábola da pérola. p. 34.

que nada no mundo material compara-se à vida que Deus proporciona aos que O seguem.

Tecendo considerações sobre o *vender o que tem para comprar o campo*, Cairbar Schutel explica ser o *"desembaraçar-se das [...] velhas crenças, do egoísmo, do preconceito, do amor aos bens terrestres para possuir os bens celestes."*[127]

Isso acontece porque algo muito melhor foi encontrado, pelo qual vale a pena a tudo renunciar. Sobre a venda falada por Jesus nas parábolas, assevera Frederico Guilherme da Costa Kremer:

> Em ambos os casos, homens alegres e felizes vendem tudo o que têm para obter o tesouro e a pérola. Eles, ao descobrirem a importância dos achados, colocaram acima de tudo a sua obtenção. Não perderam a oportunidade! A alegria é tal que supera todas as medidas. [...]. Nenhum preço é alto demais. Assim se passa no Reino de Deus. A irrupção da Boa-Nova arrebata, gera grande alegria e orienta toda a vida para a consumação da comunhão com Deus, operando a entrega apaixonada na luta por sua posse.[128]

Todos viveremos esse momento decisivo na vida, quando passamos pela transformação definitiva para o bem. Esse processo de despertamento espiritual, entretanto, é bastante individual, não acontecendo para todos na mesma época e nas mesmas condições.

O Evangelho Segundo o Espiritismo, abordando essa renovação espiritual, à qual todos estamos submetidos, afirma:

127 SCHUTEL, Cairbar. *Parábolas e ensinos de Jesus*. Matão: O Clarim, [2018?]. Item: Parábola do tesouro escondido. p. 32.

128 KREMER, Frederico Guilherme da Costa. *Jesus de Nazaré: uma narrativa da vida e das parábolas*. 1. ed. Brasília: FEB, 2016. Capítulo 14. As parábolas do Reino de Deus II. p. 145.

> Pelas suas pesquisas, a inteligência se lhe engrandece, o moral se lhe depura. Às suas necessidades do corpo sucedem as do espírito: depois do alimento material, precisa ele do alimento espiritual. É assim que o homem passa da selvageria à civilização.[129]

O alimento espiritual que Jesus nos proporciona dá novo valor à vida e a todas as coisas. Passamos a enxergar os acontecimentos da vida com outros olhos, pois ali também há *algo escondido* que nos é muito importante. Começamos a ver as relações de modo mais positivo, o que não nos parecia ter valor passa a ter e, às vezes, bem maior que antes.

O trabalho, por exemplo, se antes era considerado cansativo e incapaz de nos proporcionar satisfação, pode igualmente nos trazer novo ânimo e vigor. O Reino dos Céus capacita o homem a descobrir tesouros escondidos e pérolas raras em tudo aquilo que nos cerca. Jesus está escondido em tudo o que vivemos.

Por fim, trazemos um último aspecto a ser considerado nas parábolas. Para que os homens pudessem comprar o campo e a pérola, foi necessário que os antigos donos aceitassem vendê-los. Sem tal aceitação as compras não se realizariam. E poucos aceitariam desfazer-se de um campo ou de uma grande pérola, sem certa desconfiança.

Percebe-se que a colaboração dos dois vendedores foi fundamental. Isso demonstra que, no processo evolutivo do homem, não podemos prescindir da ajuda das pessoas. Necessitamos uns dos outros. A nossa evolução não ocorre de forma isolada, mas sempre com o auxílio generoso do próximo.

129 KARDEC, Allan. *O Evangelho Segundo o Espiritismo*. Campos dos Goytacazes/RJ: Editora Letra Espírita, 2023. Capítulo 25 - Buscai e achareis, item 2, p. 275.

24. Como entender a Parábola da Rede?

Igualmente o reino dos céus é semelhante a uma rede lançada ao mar, e que apanha toda a qualidade de peixes. E, estando cheia, a puxam para a praia; e, assentando-se, apanham para os cestos os bons; os ruins, porém, lançam fora. Assim será na consumação dos séculos: virão os anjos, e separarão os maus de entre os justos, e lançá-los-ão na fornalha de fogo; ali haverá pranto e ranger de dentes.[130]

A parábola aborda o processo de transição planetária, momento em que a Terra deixará de ser um mundo de provas e expiações e passará a constituir um mundo de regeneração. Para isso existe uma seleção natural entre os Espíritos bons e os imperfeitos, de modo a se verificar quem permanece ou não no orbe.

Os Espíritos que não apresentarem condição evolutiva suficiente serão recambiados para outros globos. Lá, pelos mecanismos da dor depuradora, terão novas oportunidades de crescer moral e espiritualmente.

Sabemos que o *Reino dos Céus* pode ser compreendido em um duplo sentido: um exterior e outro interior. O primeiro, refere-se às moradas espirituais elevadas e aos mundos destinados aos Espíritos Superiores e Perfeitos, as regiões do Universo onde somente o bem existe e todos vivem a felicidade plena. Como já se despojaram das imperfeições da matéria, estão aptos a habitar os mundos regenerados, felizes e celestes.

No aspecto interior, o Reino dos Céus é um estado íntimo da alma, estado de felicidade, de paz de consciência e de amor que cada Espírito pode apresentar, esteja ele na matéria ou fora dela. E esse Reino dos Céus, seja num sentido ou em outro, só poderá ser encontrado quando

---

130 BÍBLIA ONLINE. *Mateus 13:47-50*. Disponível em: https://www.bibliaonline.com.br/. Acesso em 13/09/2023.

nos transformarmos moralmente e vivermos plenamente as Leis de Deus.

É relevante o Reino dos Céus ser comparado a uma *rede,* instrumento de pesca que captura todos os tipos de peixes, sem distinção. Assim como a rede captura todos os peixes, o Reino de Deus e suas Leis são para todos, sem exceção.

Ao serem puxados pela rede, os peixes encontram a morte. Assim, a rede representa também o momento do desencarne, quando o homem retorna à Pátria Espiritual, e, caso apresente boa bagagem espiritual, terá acesso a esse Reino. Será agraciado, segundo as suas obras, pois, como alerta Cairbar Schutel, *"não vale estar dentro da rede; é indispensável ser bom!"*[131]

A rede pode ser compreendida como o processo evolutivo ao qual a Humanidade está submetida. Na busca pela redenção espiritual, o homem sairá do atraso espiritual em que se encontra, sendo resgatado das profundezas do mar de erros e desajustes.

Para Rodolfo Calligaris, a rede também *"representa a Lei de Amor, inscrita por Deus em todas as consciências"*[132], mostrando que ninguém está excluído dessa rede de amor, pois ela a todos abarca.

A rede não é *lançada* ao mar de qualquer maneira, *"envolve trabalho meticuloso, operação inteligente e bem direcionada"*[133], de modo a tornar a pesca exitosa. Da mesma forma, acontece com o Reino dos Céus. A rede lançada representa a ação das Leis Divinas, necessária ao aper-

---

131 SCHUTEL, Cairbar. *Parábolas e ensinos de Jesus*. 20. ed. Matão: O clarim, 2000. Item: Parábola da rede, p. 36.

132 CALLIGARIS, Rodolfo. ***Parábolas Evangélicas***. Brasília: FEB, 2011. Parábola da rede. p. 12.

133 Estudo Aprofundado da Doutrina Espírita. Livro 2. *Ensinos e parábolas de Jesus. Parte 1*. Marta Antunes de Oliveira de Moura (organizadora). 1. ed. Brasília: FEB, 2015. A Rede. p. 143.

feiçoamento espiritual dos seres. Ninguém a esse Reino chegará de forma irresponsável, mas à custa de esforço, persistência, fé e disciplina.

O *mar* é fonte fértil e abundante de vida, significa a criação de Deus, de onde é possível emergir recursos valiosos ao homem. O mar é a Terra a nos oferecer material infinito de crescimento e auxílio. Para isso temos *"a inteligência, a saúde, a palavra, os recursos financeiros, o aprendizado, a família, os amigos, o apoio religioso etc."*[134], só precisamos saber bem aproveitá-los.

Os *peixes* representam os vários níveis evolutivos de Espíritos, bons ou ruins, encarnados ou desencarnados, de todas as raças e credos, que, na hora certa, passarão pela seleção a que se refere o texto evangélico.

O ser humano reunirá um dia todas as virtudes necessárias para ser um bom peixe, um homem de bem, caridoso, inteligente e modesto. Obviamente que a conquista de todas as boas qualidades exige esforço, dedicação, perseverança e fé, havendo sempre resistência ao mal.

Com muita assertividade, dizem os Espíritos que *"a sublimidade da virtude, porém, está no sacrifício do interesse pessoal, pelo bem do próximo, sem pensamento oculto. A mais meritória é a que assenta na mais desinteressada caridade"*[135], em completa oposição, portanto, ao sentimento de egoísmo do qual todo mal decorre.

O conhecimento acerca da Vida Espiritual, da imortalidade da alma e da sua real destinação na Terra auxilia o homem a extinguir, pouco a pouco, o egoísmo do seu

---

134 Estudo Aprofundado da Doutrina Espírita. Livro 2. *Ensinos e parábolas de Jesus. Parte 1.* Marta Antunes de Oliveira de Moura (organizadora). 1. ed. Brasília: FEB, 2015. A Rede. p. 143.

135 KARDEC, Allan. *O Livro dos Espíritos*. Campos dos Goytacazes/RJ: Editora Letra Espírita, 2022. Q. 893. p. 320.

coração. Vejamos a definição do verdadeiro homem de bem, conforme nos orientam os Espíritos da codificação:

> O verdadeiro homem de bem é o que cumpre a Lei de Justiça, de Amor e de Caridade, na sua maior pureza. Se ele interroga a consciência sobre seus próprios atos, a si mesmo perguntará se violou essa lei, se não praticou o mal, se fez todo o bem que podia, se desprezou voluntariamente alguma ocasião de ser útil, se ninguém tem qualquer queixa dele; enfim, se fez a outrem tudo o que desejara lhe fizessem.[136]

Quando a *rede cheia de peixes for puxada para a praia*, será a hora da triagem e da prestação de contas, em que todas as criaturas terão suas obras avaliadas.

A *praia* também traz uma representação significativa. É nela que se opera a seleção dos peixes bons e ruins, simbolizando *"a região situada entre o plano espiritual e o plano terreno, onde aportam os que são apanhados pela rede da morte"*.[137]

Nela se assentam os seareiros do Senhor para operarem a devida triagem. Esse *assentar* significa buscar o devido ajuste vibracional para o trabalho, a sintonia com o Alto para que a seleção se realize de maneira justa e amorosa. Os *anjos* da parábola são exatamente os Espíritos Superiores que trabalham para Jesus, executando a Sua vontade e realizando a separação dos peixes bons e dos maus.

Apanhar para os cestos os bons e lançar fora os ruins representa a seleção em si entre os Espíritos, quando *haverá a separarão dos maus de entre os justos,* na chamada consumação dos séculos.

---

136 KARDEC, Allan. *O Evangelho Segundo o Espiritismo*. Campos dos Goytacazes/RJ: Editora Letra Espírita, 2023. Capítulo 17 - Sede perfeitos, item 3, p. 211.

137 PAPA, Rafael. *Parábolas de Jesus à Luz da Doutrina Espírita*. Por autores diversos. 1. ed. Juiz de Fora: Fergus, 2019. Parábola da rede. p. 184.

Estamos no limiar da grande transição planetária, em que o nosso planeta passará da condição de mundo de provas e expiações para mundo de regeneração.[138] É um degrau, ainda dos muitos que devemos subir, para alcançar a posição de "mundo feliz".

A *consumação dos séculos* significa o fim de uma era de iniquidade, de um ciclo evolutivo da Humanidade e não do fim do mundo. É a Lei do Progresso que dará fim ao mundo velho e trará o advento do mundo novo.

Para cada fase, uma limpeza e uma triagem devem ser feitas. Os Espíritos que atingirem, por seus méritos, certo grau de evolução espiritual aqui permanecerão reencarnados. São os peixes bons colocados nos cestos.

De outro modo, lançar fora os peixes ruins representa um processo de expurgo de Espíritos calcetas, refratários à ordem e à evolução moral. É a Lei de Causa e Efeito. Esse processo seletivo não pode mais ser retardado.

Lançar na fornalha de fogo, onde haverá pranto e ranger de dentes é uma alusão às provas e expiações, às quais os Espíritos retardatários precisarão submeter-se. Alguns conseguirão enfrentar as provas de modo resignado, o que é representado na narrativa pelo *pranto*. Outros, por sua vez, com revolta e irresignação, remete ao *ranger de dentes*.

Alguns precisarão passar um tempo em planetas mais inferiores, simbolizados pela *fornalha de fogo* e de dor. Lá aprenderão as Leis do Amor e do Bem, quando terão condições de retornar ao nosso orbe e dar seu contributo ao progresso da Humanidade.

Percebam que, na parábola, os peixes ruins não foram deixados para morrer, mas *lançados fora*. Isso significa

138 Nota da Autora. Lembremos da escala dos mundos: primitivos, de provas e expiações, de regeneração, felizes e ditosos.

que foram devolvidos ao mar para crescer e, no futuro, ter condições de serem novamente pescados e utilizados. Não existem penas eternas, mas instrumentos de purificação temporária do homem, até alcançar a sua perfeição.

Ser lançado ao mar, portanto, deve ser interpretado como a Lei da Reencarnação. Quando o Espírito for lançado de volta à Terra continuará seu crescimento intelectual, moral e espiritual, podendo essa reencarnação dar-se aqui ou em outro orbe.

Allan Kardec observa em *A Gênese* que *"os tempos marcados por Deus são chegados, disso somos informados em todos os lugares, em que grandes acontecimentos serão realizados para a regeneração da humanidade."*[139] Em *O Livro dos Espíritos*, consta o alerta da transição, ao afirmar São Luís:

> Predita foi a transformação da Humanidade e vos avizinhais do momento em que se dará, momento cuja chegada apressam todos os homens que auxiliam o progresso. Essa transformação se verificará por meio da encarnação de Espíritos melhores, que constituirão na Terra uma geração nova. Então, os Espíritos dos maus, que a morte vai ceifando dia a dia, e todos os que tentem deter a marcha das coisas serão daí excluídos, pois que viriam a estar deslocados entre os homens de bem, cuja felicidade perturbariam.[140]

Na obra *Transição Planetária*, o Espírito Manoel Philomeno de Miranda explica o momento pelo qual passa a Terra. Assim como os Espíritos ainda devotados ao mal serão exilados para outros planetas, Espíritos

---

139 KARDEC, Allan. *A Gênese*. Capivari: Editora EME, 2020. Capítulo 18. São chegados os tempos. Sinais dos tempos. Item 1. p. 267.

140 KARDEC, Allan. *O Livro dos Espíritos*. Campos dos Goytacazes/RJ: Editora Letra Espírita, 2022. Q. 1019. p. 371.

mais evoluídos, vindos da uma estrela chamada Alcíone, da constelação de Tauro, já começaram a reencarnar na Terra.

Em Espírito missionário virão para ajudar o planeta neste processo de renovação e tornar-se-ão os grandes líderes a sensibilizarem aqueles ainda considerados verdugos da sociedade.[141]

A parábola é para toda a Humanidade. Que possamos verdadeiramente sentir as palavras de Jesus tocarem nossos corações. Assim, ao sermos puxados pela rede da desencarnação, seremos colocados em cestos e não jogados na fornalha de fogo.

25. Como entender a Parábola das Coisas Novas e Velhas?

Então lhes perguntou Jesus: "Entendestes todas estas parábolas?" Ao que eles responderam: "Sim, Senhor. E ele disse-lhes: Por isso, todo o escriba instruído acerca do reino dos céus é semelhante a um pai de família, que tira do seu tesouro coisas novas e velhas.[142]

Com essas palavras, Jesus orienta os discípulos a serem como mestres que compartilham o tesouro recebido, da mesma forma que um pai de família tira do seu depósito coisas novas e velhas, dando a elas bom uso.

O verdadeiro discípulo de Deus sabe retirar, portanto, ensinamentos úteis de todas as coisas, antigas ou novas. Tudo traz aprendizado ao homem. Sendo instruído, compreende as Leis Divinas e sua verdadeira significação, nada desperdiçando.

141 FRANCO, Divaldo Pereira. *Transição Planetária*. [s.l.]: Luz Espírita, 2011. p. 07.

142 BÍBLIA ONLINE. *Mateus 13:51-52*. Disponível em: https://www.bibliaonline.com.br/. Acesso em: 13/09/2023.

Antes de dizer essa pequena parábola, Jesus pergunta aos discípulos se eles haviam entendido tudo o que lhes falara. Havia o Mestre pronunciado várias outras parábolas ensinando sobre o Reino dos Céus. Algumas delas, dirigiu à multidão, e essa, a das coisas novas e velhas, destinou só aos seus discípulos.

Há quem não considere esse pequeno texto uma parábola, mas somente um tipo de analogia. De toda forma, são palavras de Jesus repletas de ensinamentos, devendo ser conhecidas e estudadas.

O *escriba* é considerado um ministro de Deus, é alguém que se dedicou com afinco ao estudo da Lei. À época eram os escribas que copiavam as escrituras, pois sacerdotes e doutores da Lei não realizavam esse tipo de trabalho manual, reservado aos escravos e a outros servos.

Os escribas, em virtude de sua atividade, acabavam por deter profundo conhecimento das Leis Divinas, sendo também muito respeitados.

Com a palavra *instruído*, Jesus quis dizer alguém ensinado por Deus, instruído verdadeiramente nas Leis Espirituais e que não detém apenas o conhecimento da letra que mata, mas do Espírito que vivifica. Não basta determos vasto aprendizado humano sem o aprendizado das coisas referentes ao Reino dos Céus, bem como da arte de auxiliar os homens a alcançarem esse Reino.

Portanto, pouco entendimento das verdades divinas não nos qualifica a pregarmos o Evangelho, precisamos de estudo sério, profundo e constante. Nossos estudos nunca terminam, estamos em uma escola, constantemente aprendendo e ensinando.

Acerca do Reino dos céus significa deter conhecimento sobre os mistérios do Evangelho de Cristo, das verdades espirituais que poucos compreendiam ainda, àquela época.

Pai representa, em plano maior, nosso Deus Criador. Entretanto, pode significar também cada um de nós, quando nos colocamos na condição de orientar os que nos cercam. Todos, em algum momento da vida, são chamados a ensinar pelo exemplo ou pela palavra, oportunidade em que necessitamos estar bem instruídos em relação às verdades divinas.

Família significa todos nós, os filhos de Deus. Somos uma grande família formada por crianças, jovens, adultos e idosos, tendo em Jesus nosso Mestre e Guia.

Em muitos momentos, seremos chamados a auxiliar, sob a inspiração dos ensinos do Cristo, oportunidade em que precisaremos agir com responsabilidade. Será necessário desenvolvermos algumas habilidades, como o amor, o carinho, a prudência, a sabedoria, a fidelidade a Deus, a coragem e a firmeza de propósitos.

Tirar de seu tesouro é o mesmo que tirar do seu depósito, do seu coração ou da sua mente. O maior tesouro de todo homem não é exterior, os bens materiais, mas, essencialmente, o que traz no coração. Esse é o único tesouro que leva para qualquer lugar, na matéria ou fora dela. Os escritos sagrados devem ser seu tesouro, e o homem deve entendê-los adequadamente.

A frase judaica *coisas novas e antigas* traz vários significados. Pode ser uma referência ao Antigo e ao Novo Testamento, demonstrando que ambos são importantes e devem ser considerados no entendimento das Leis de Deus. Não é certo desprezarmos os velhos ensinos nem os novos, devemos sim interpretar um à luz do outro.

Foram ambos trazidos à Humanidade com a permissão de Deus para ensinar, repreender, corrigir e educar.

Quando bem estudados e compreendidos, completam-se, desde que saibamos organizar tudo com bom senso e equilíbrio no depósito do nosso coração. Saberemos tirar do baú as coisas velhas do Antigo Testamento, e conciliá-las com a Boa-Nova do Novo Testamento.

Dentro do Movimento Espírita, também podemos entender coisas novas e antigas como uma referência às obras básicas do Espiritismo e às recentes e/ou complementares, em clara alusão ao caráter progressista da Doutrina.

Sendo filosofia, ciência e religião, o Espiritismo precisa ser continuamente estudado. Não se instruirá na Doutrina alguém que somente frequenta reuniões e ouve palestras públicas. É imprescindível a dedicação séria ao estudo.

É relevante na parábola que o pai retire coisas novas e velhas do depósito, mas não as jogue fora, pois, se assim fosse, Jesus teria dito. Se o fez dessa forma é porque ambas tinham serventia à família, caso contrário não as guardaria juntas. Normalmente imaginamos que as coisas antigas não têm mais utilidade e o Mestre vem nos mostrar o inverso.

Coisas novas e antigas podem representar também uma nova forma de ver e analisar as verdades divinas. Um verdadeiro discípulo do Evangelho possui excelente capacidade de julgamento, sabendo adequar seu discurso à condição dos ouvintes e à circunstância em que se encontre.

Não dirá sempre a mesma coisa e da mesma forma. Para ser um escriba instruído no Reino dos Céus é necessário ajustar-se, retirar do antigo o que é novo e atual. É uma lição relevante para todos nós que nos coloquemos na condição de trabalhadores do Cristo.

26. Como entender a Parábola do Credor Incompassivo ou do Devedor Cruel?

Então Pedro, aproximando-se dele, disse: Senhor, até quantas vezes pecará meu irmão contra mim, e eu lhe perdoarei? Até sete? Jesus lhe disse: Não te digo que até sete; mas, até setenta vezes sete. Por isso o reino dos céus pode comparar-se a um certo rei que quis fazer contas com os seus servos; E, começando a fazer contas, foi-lhe apresentado um que lhe devia dez mil talentos; E, não tendo ele com que pagar, o seu senhor mandou que ele, e sua mulher e seus filhos fossem vendidos, com tudo quanto tinha, para que a dívida se lhe pagasse. Então aquele servo, prostrando-se, o reverenciava, dizendo: Senhor, sê generoso para comigo, e tudo te pagarei. Então o Senhor daquele servo, movido de íntima compaixão, soltou-o e perdoou-lhe a dívida.

Saindo, porém, aquele servo, encontrou um dos seus conservos, que lhe devia cem denários, e, lançando mão dele, sufocava-o, dizendo: Paga-me o que me deves. Então o seu companheiro, prostrando-se a seus pés, rogava-lhe, dizendo: Sê generoso para comigo, e tudo te pagarei. Ele, porém, não quis, antes foi encerrá-lo na prisão, até que pagasse a dívida. Vendo, pois, os seus conservos o que acontecia, contristaram-se muito, e foram declarar ao seu senhor tudo o que se passara. Então o seu senhor, chamando-o à sua presença, disse-lhe: Servo malvado, perdoei-te toda aquela dívida, porque me suplicaste.

Não devias tu, igualmente, ter compaixão do teu companheiro, como eu também tive misericórdia de ti? E, indignado, o seu senhor o entregou aos atormentadores, até que pagasse tudo o que lhe devia. Assim vos fará, também, meu

Pai celestial, se do coração não perdoardes, cada um a seu irmão, as suas ofensas.[143]

Nessa narrativa Jesus destaca, essencialmente, o perdão. Fala da necessidade de sermos misericordiosos uns com os outros, a todo momento, assim como necessitamos da Misericórdia Divina, implicando a mudança de postura em relação ao próximo. O perdão é colocado como uma atitude que devemos realizar sem reservas ou limites, mas sempre.

Na parábola vemos um servo que devia ao rei uma quantia vultosa, mas, pela compaixão e misericórdia do soberano, sua dívida foi perdoada. Todavia, esse mesmo servo, ao deparar-se com seu conservo que lhe devia pequena quantia, não soube ser igualmente piedoso nem agir com a misericórdia que recebera.

Não lhe perdoou a dívida e ainda usou de recursos violentos. Assevera Frederico Guilherme da Costa Kremer:

> Todos nós concordamos que o servo perdoado pelo rei "devia" perdoar o companheiro; é o "normal", o mínimo que se podia exigir dele. Ora, se vivemos do perdão e da misericórdia de Deus, é necessário um novo comportamento em que o perdão seja nossa bandeira de luz [grifos constantes do original].[144]

Em decorrência da sua atitude egoísta, mesquinha e pouco fraterna, o servo perdeu a oportunidade de ter suas dívidas quitadas pela Lei de Amor. Foi, então, constrangido a pagá-las em sua completude, pois o que fizermos aos outros, igualmente receberemos. É a Lei de Causa e Efeito.

---

143 BÍBLIA ONLINE. *Mateus 18:21-35*. Disponível em: https://www.bibliaonline.com.br/. Acesso em: 13/09/2023.

144 KREMER, Frederico Guilherme da Costa. *Jesus de Nazaré: uma narrativa da vida e das parábolas*. 1. ed. Brasília: FEB, 2016. Capítulo 16. A parábola do devedor cruel. p. 165.

O primeiro servo devia a quantia de dez mil talentos. Talento era uma unidade de medida usada para grandes quantidades de massa. Um talento, usado nos tempos do Novo Testamento, pesava 58,9 kg e era utilizado para designar grandes quantidades de ouro ou prata.[145]

Se um talento equivalia a quase 60 kg de ouro, e o servo devia dez mil talentos, o valor aproximado da dívida era de 600.000 kg de ouro.

Atualmente, um quilo de ouro vale mais de US$54.000,00 (cinquenta e quatro mil dólares), o que, em Reais, seria algo em torno de R$280.000,00 (duzentos e oitenta mil). Multiplicando o valor de um quilo pelos dez mil talentos (600.000 kg), podemos ter uma ideia da fortuna devida pelo servo ao rei.

Denário, por sua vez, era uma pequena moeda de prata que muito circulava no Império Romano. Naquela época um talento correspondia a 6.000 denários. Um denário representava o salário diário de um trabalhador, sendo suficiente para comprar cerca de oito quilos de pão.

Em valores atuais, um dia de trabalho equivale a, aproximadamente, US$ 50,00 (cinquenta dólares), em moeda americana, e a R$ 41,00 (quarenta e um reais), em moeda brasileira. Considerando a moeda brasileira, o conservo devia R$ 4.100,00 (quatro mil e cem reais).

Ao tempo de Jesus, quando alguém não pagava as suas dívidas, transformava-se em escravo, podendo ele e seus familiares serem vendidos para o pagamento. Além disso, todos os bens materiais do devedor passavam a ser propriedade do credor.

Por isso, antes do rei ser compassivo e misericordioso, havia mandado que *ele, e sua mulher e seus filhos fossem*

145 WIKIPÉDIA. *Talento (unidade de medida)*. Disponível em: https://pt.wikipedia.org/wiki/Talento_(unidade_de_medida). Acesso em: 02/09/2022.

vendidos, com tudo quanto tinha, para que a dívida se lhe pagasse. Pelo enorme valor da dívida, muito dificilmente seria paga.

Na parábola Jesus compara *o reino dos céus a um certo rei que quis fazer contas com os seus servos.* O rei, assim como Deus, é extremamente compassivo e misericordioso conosco. Pelo amor que nos tem, perdoa sempre nossas imensas dívidas.

Essa é a postura observada nas grandes almas, que se elevam acima da matéria e desenvolvem a fraternidade, a benevolência, o perdão e o amor universal. Compreendem as dificuldades do próximo e ajudam sem outro interesse que não a caridade.

E Deus espera que possamos agir da mesma forma com nossos semelhantes, embora ainda seja o que menos fazemos. Desejamos o amparo, o perdão e a Misericórdia Divina, mas, no momento de fazermos o mesmo para com os nossos irmãos, somos incompassivos, rigorosos e intolerantes.

Deus, sempre compassivo, oportuniza aos Espíritos aprenderem pelo amor, mas, se optam por outro caminho, a Lei de Causa e Efeito lhes será aplicada com mais rigor. A mesma medida que usarmos para com os outros será usada contra nós. Assim, temos sempre duas alternativas para a quitação de nossos débitos para com Deus. Vejamos:

> A primeira alternativa, relacionada ao pagamento de uma dívida, está sempre vinculada à misericórdia divina, pois é o resgate pelo Amor, que é simbolizado na prática da caridade, como ensina o apóstolo Pedro: “Mas, sobretudo, tende ardente

caridade uns para com os outros, porque a caridade cobrirá a multidão de pecados" (1Pe 4:8).[146]

Percebemos essa verdade quando Jesus afirma *então o Senhor daquele servo, movido de íntima compaixão, soltou-o e perdoou-lhe a dívida.* Nesse texto está claro que a Lei Divina é de Amor e Misericórdia.

Quando a aplicamos para com os nossos semelhantes, também não precisaremos pagar *ceitil por ceitil*, isto é, até a última quantia devida. O pagamento da dívida é governado pela Lei de Amor.

De outro modo, se não soubermos retribuir as graças recebidas, agindo como o servo para com o seu conservo, teremos que pagar todo o montante devido para conquistarmos a liberdade. Enfrentaremos a custódia e o rigor da Lei de Causa e Efeito. Esta é a segunda alternativa.

A segunda possibilidade só é estabelecida quando o amor é ignorado. Assim, a dívida passa a ser administrada pela lei da causalidade, cujo pagamento ocorre não sem a manifesta a Misericórdia de Deus, sempre presente, mas vinculada aos ditames da Justiça Divina.

Por isso, disse o Mestre *e, indignado, o seu senhor o entregou aos atormentadores, até que pagasse tudo o que lhe devia. Assim vos fará, também, meu Pai celestial, se do coração não perdoardes, cada um a seu irmão, as suas ofensas.* Sem dúvida é muito melhor pagarmos nossos débitos pela Lei de Amor, ainda que precisemos passar por renúncias e privações.

É muito importante lembrarmos que Deus, soberanamente justo e bom, sempre agirá com justiça plena em relação aos seus filhos, não havendo o acaso

146 Estudo Aprofundado da Doutrina Espírita. Livro 3. *Ensinos e parábolas de Jesus*. Parte 2. Marta Antunes de Oliveira de Moura (organizadora). 1. ed. Brasília: FEB, 2019. O credor incompassivo p. 174.

nem injustiça na Sua lei. Tal entendimento é fundamental para a compreensão da Justiça Divina, evitando-se visões deturpadas de Deus como sendo injusto, permissivo do sofrimento das criaturas sem justa causa.

Existe, em verdade, desconhecimento das Leis do Criador e de como elas se processam em nossas vidas, acontecendo cada evento de forma natural, planejada e lógica.

No Universo nada está desconectado, havendo sempre uma sequência de ações a desencadear outras, intimamente relacionadas. Segundo a Lei de Causa e Efeito há, para todo ato, uma consequência natural e diretamente ligada ao ato originariamente praticado, de modo que, dependendo das nossas atitudes, positivas ou negativas, colheremos no amanhã o bem ou o mal, de acordo com o plantio realizado.

Estando o indivíduo em conformidade com o Evangelho Redivivo, praticando o bem e vivenciando o amor exemplificado por Jesus, sua colheita será de coisas boas. Agindo em desconformidade com os princípios divinos, se verá naturalmente envolvido em dor e sofrimento, como resultado de seus atos negativos.

Para melhor compreensão do tema, precisamos diferenciar a Lei de Causa e Efeito da lei de ação e reação, pois, embora normalmente sejam utilizadas como sinônimos, em verdade não o são.

A lei de ação e reação determina que cada ação praticada recebe uma reação oposta de mesma intensidade e força.[147] A toda ação há sempre uma reação oposta e de igual intensidade: as ações mútuas de dois corpos um

147 WIKIPÉDIA. *Leis de Newton*. Disponível em: https://pt.wikipedia.org/wiki/Leis_de_Newton#Terceira_lei_de_Newton. Acesso em: 02/09/2022.

sobre o outro são sempre iguais e dirigidas em sentidos opostos.

Por esse raciocínio, para todo mal ou bem plantado, a criatura colherá um sofrimento ou uma graça de mesma proporção e intensidade do realizado. Isso seria a aplicação da chamada lei de talião, do olho por olho, dente por dente. Só que a Justiça Divina não é assim, ela não aplica a lei de ação e reação, mas a Lei de Causa e Efeito.

Pela Lei de Causa e Efeito, precisaremos, sim, colher o que plantamos, seja o bem ou o mal, mas o mal não nos chega na mesma proporção e intensidade dos atos cometidos. Explica-se. Deus é Pai de amor e de misericórdia, Ele não deseja o sofrimento dos seus filhos, mas seu aprendizado.

Sendo assim, pela Lei de Causa e Efeito, Deus não determina que o homem colha um sofrimento idêntico ao cometido, mas só o estritamente necessário ao seu crescimento espiritual. Este, não raro, é infinitamente inferior ao plantado, mas suficiente para a expiação dos erros e o crescimento da criatura.

Como se vê, a diferença entre as duas leis é enorme. E tal diversidade se faz notar também no tocante às atitudes positivas. Pela lei de ação e reação, colheremos uma graça estritamente proporcional àquela que praticamos, mas não é o que observamos na Justiça Divina.

Segundo nos informa a Doutrina Espírita, as bênçãos colhidas por aqueles que praticam o bem são, não raro, muito maiores que as praticadas, por conta do infinito amor de Deus. Para se ter uma ideia mais clara dessa afirmação, sugere-se a leitura do livro *O Céu e o Inferno*, capítulo intitulado *Espíritos felizes*, constante da segunda parte da obra.[148]

Temos liberdade para agir, mas as consequências são efeitos involuntários e obrigatórios, os quais podem ser colhidos na mesma existência física ou nas subsequentes, trazendo, a cada reencarnação, as condições necessárias para que o indivíduo adquira conhecimento, resgate suas dívidas e cresça espiritualmente.

Somos todos responsáveis pelos eventos de nossas vidas, sejam positivos ou negativos, não havendo vítimas, de maneira que, se não encontramos para um fato explicação na presente existência, sua origem está em outra, mas jamais no acaso.

Por isso a necessidade de exercitarmos o perdão e a misericórdia em todos os momentos de nossas vidas. Jesus, sabendo da importância de perdoarmos, além da passagem ora examinada, falou-nos várias outras vezes sobre a importância da prática do perdão, como vemos nas seguintes passagens evangélicas:

Bem-aventurados os misericordiosos, porque eles próprios obterão a misericórdia.[149]

Portanto, se trouxeres a tua oferta ao altar e aí te lembrares de que teu irmão tem alguma coisa contra ti, deixa ali diante do altar a tua oferta, e vai reconciliar-te primeiro com teu irmão e, depois, vem e apresenta a tua oferta.[150]

Ouvistes o que foi dito. Amarás o teu próximo, e odiarás o teu inimigo. Eu, porém, vos digo: Amai a vossos inimigos, bendizei os que vos maldizem, fazei o bem aos que vos

148 KARDEC, Allan. *O Céu e o Inferno*. 1. ed. Capivari: EME, 2019. Espíritos felizes. p. 128.

149 BÍBLIA ONLINE. *Mateus 5:7*. Disponível em: https://www.bibliaonline.com.br/. Acesso em: 13/09/2023.

150 BÍBLIA ONLINE. *Mateus 5:23-24*. Disponível em: https://www.bibliaonline.com.br/. Acesso em: 13/09/2023.

odeiam, e orai pelos que vos maltratam e vos perseguem; para que sejais filhos do vosso Pai que está nos céus.[151]

E perdoa-nos as nossas dívidas, assim como nós perdoamos aos nossos devedores.[152]

Ainda temos muita dificuldade para perdoar, porque duas forças permeiam a nossa forma de agir: a intelectualidade e a emoção. A emoção aflora primeiro e só depois a racionalizamos, deixamos o intelecto atuar. Enquanto deixarmos a emoção preponderar, não conseguiremos mudar nosso comportamento.

Há muitos motivos para perdoarmos, mas para isso precisamos refletir sobre eles. O perdão é uma vitória sobre si mesmo e o maior beneficiado é quem perdoa. É também um ato de bom senso, inteligência, compreensão, principalmente quando se entende que, para evoluirmos, precisamos perdoar, que a falta de perdão atrasa a nossa caminhada.

Perdoar não significa esquecer, mas não guardar rancor ou mágoa contra aqueles que nos devem ou nos feriram. Perdoar os outros significa também pedir perdão a nós mesmos, que estamos constantemente errando.

Quando perdoamos não transferimos reajustes para o amanhã, saímos dessa existência mais leves e prontos para alçar voos maiores. Além disso, o perdão evita obsessões e melhora a nossa saúde mental e espiritual, pois nos conectamos aos Amigos Espirituais que nos inspiram ideias salutares e nos envolvem em vibrações de amor e de paz.

Se você tem dificuldades em perdoar, trazemos aqui duas dinâmicas que certamente ajudarão nesse processo

151 BÍBLIA ONLINE. *Mateus 5:43-44*. Disponível em: https://www.bibliaonline.com.br/. Acesso em: 13/09/2023.

152 BÍBLIA ONLINE. *Mateus 6:12*. Disponível em: https://www.bibliaonline.com.br/. Acesso em: 13/09/2023.

de libertação. A primeira consiste em escrever, por pelo menos quinze vezes e durante trinta dias seguidos, a seguinte frase: *eu me perdoo e perdoo meus inimigos encarnados e desencarnados.*

A segunda é imaginar-se abraçando o inimigo, todos os dias, durante as preces. Faça isso até sentir que o perdão chegou e que conseguiria abraçar a pessoa de verdade, sem desconforto ou mal-estar.

27. Como entender a Parábola dos Trabalhadores da Vinha?

Porque o Reino dos céus é semelhante a um homem, pai de família, que saiu de madrugada a assalariar trabalhadores para a sua vinha. E, ajustando com os trabalhadores a um dinheiro por dia, mandou-os para a sua vinha. E, saindo perto da hora terceira, viu outros que estavam ociosos na praça. E disse lhes: Ide vós também para a vinha, e dar-vos-ei o que for justo. E eles foram. Saindo outra vez, perto da hora sexta e nona, fez o mesmo. E, saindo perto da hora undécima, encontrou outros que estavam ociosos e perguntou-lhes: Por que estais ociosos todo o dia? Disseram-lhe eles: Porque ninguém nos assalariou. Diz-lhes ele: Ide vós também para a vinha e recebereis o que for justo. E, aproximando-se a noite, diz o senhor da vinha ao seu mordomo: Chama os trabalhadores, e paga-lhes o salário, começando pelos derradeiros até aos primeiros. E, chegando os que tinham ido perto da hora undécima, receberam um dinheiro cada um; vindo, porém, os primeiros, cuidaram que haviam de receber mais; mas, do mesmo modo, receberam um dinheiro cada um. E, recebendo-o, murmuravam contra o pai de família, dizendo: Estes derradeiros trabalharam só uma hora, e tu os igualaste conosco, que suportamos a fadiga e a calma do dia. Mas ele, respondendo, disse a um deles: Amigo, não te faço injustiça; não ajustaste tu comigo um dinheiro? Toma o que é teu e retira-te; eu quero dar a este derradeiro tanto como a ti. Ou não me é lícito fazer o que quiser do que é meu? Ou é mau o teu olho porque eu sou bom? Assim, os derradeiros serão primeiros, e os primeiros, derradeiros, porque muitos são chamados, mas poucos escolhidos.[153]

A parábola ensina que Deus é Pai de amor e de misericórdia, que todos aqueles que resolvem seguir Seu Evangelho, não importando em que momento de suas vidas essa decisão aconteça, receberão as graças divinas, encontrarão o progresso e a felicidade.

Ensina sobre o valor do trabalho e do esforço pessoal para que se alcance o progresso espiritual, o que se dará por meio da reencarnação.

Como cada Espírito tem o seu livre-arbítrio, uns chegarão a esse despertar, a essa reforma interior e à condição de Espíritos puros mais rapidamente que outros. Todavia, todos são filhos amados de Deus e não é o fato de uns retardarem sua chegada ao Pai que receberão menos amor e felicidade.

Desde que trabalhemos com afinco e com esforço, na seara do Mestre, seremos recompensados. Há quem trabalhe muitas horas e com pouca qualidade, pois não se dedica adequadamente ao que faz, enquanto outros, em pouco tempo, findam o trabalho com altíssima qualidade.

Não é o tempo, mas as obras realizadas e sua qualidade que farão com que os homens sejam mais ou menos agraciados de bênçãos divinas. Além disso, a narrativa nos ensina sobre a fraternidade que deve pautar a vida das criaturas.

---

153 BÍBLIA ONLINE. *Mateus 20:1-16*. Disponível em: https://www.bibliaonline.com.br/. Acesso em: 13/09/2023.

Não devemos agir com inveja ou críticas para com a forma como Deus agracia seus filhos, pois Ele sabe o que é melhor para cada um de nós e, sobretudo, o que cada um necessita. Precisamos estar focados em nosso trabalho, na qualidade daquilo que estamos fazendo. Se estamos utilizando de forma adequada o nosso tempo de lavor na vinha do Senhor.

Não raro aceitamos vários convites para trabalhar com Cristo, mas trabalhamos mais por vaidade que por vontade de sermos úteis e de servirmos ao Mestre. Precisamos estar atentos ao que realmente nos move, o desejo de servirmos ou de sermos servidos e aplaudidos.

Jesus, ao comparar o Reino de Deus a esse pai de família que busca trabalhadores para lavorarem em sua vinha, demonstra que Deus assim age sempre.

Deus é o *pai de família* e Ele convida de maneira amorosa todos os seus filhos a lavorarem no bem, na *vinha* chamada Terra, trabalhando nesse campo imenso de oportunidades e exemplificando seus ensinamentos e crescendo espiritualmente.

A vinha do Senhor é planejada e estudada com cuidado, para que cada trabalhador aqui possa encontrar todos os recursos necessários ao seu progresso. Não há o improviso de Deus, estando o planeta muito bem governado por Jesus desde a aurora dos séculos.

O *trabalho* ao qual o Senhor nos conclama não é o físico, embora também seja relevante para o desenvolvimento do ser, mas o da aquisição de valores e virtudes espirituais, que enobrecem a alma e nos fazem chegar até Deus. A esse trabalho ninguém poderá furtar-se, pois, conquanto os Amigos Espirituais nos ajudem, o esforço deve ser nosso. Eles não podem fazer por nós aquilo que nos cabe.

Percebamos que a expressão *saiu de madrugada a assalariar trabalhadores para a sua vinha* significa que sempre é tempo de trabalharmos no bem. O amor é dinamismo, é ação constante de todos os que desejam vê-lo implantado na Terra. Estejamos atentos.

A qualquer hora do dia, podemos ser conclamados a fazer o bem. Deus precisa nos encontrar dispostos e com bom ânimo para lavorar em sua vinha. As *diversas horas de contratação* significam os vários momentos em que somos convidados por Deus à renovação e ao esforço de mudança. Uns iniciam esse processo de cultivo de virtudes mais cedo, outros mais tarde.

Quem assim agir receberá o *dinheiro*, o salário que sabemos não ser monetário, pois representa a felicidade perene, dos justos, que vivem em paz e têm a paz de espírito. O prêmio será o gozo espiritual que decorre da nossa depuração espiritual.

Entretanto, esse pagamento será conforme o trabalho desenvolvido, pois a produção dos obreiros não é igual. Podemos trabalhar ao mesmo tempo, mas nem sempre com a mesma capacidade, dedicação e eficiência. Podemos produzir mais com menos tempo de serviço, sabendo a Justiça Divina ponderar tal fato com propriedade.

"A gerência divina, sempre atenta e atuante, sabe ajustar o trabalho em nível da conscientização e do entendimento do obreiro".[154] Desse modo, para os que atuarem com afinco e dedicação, o salário será o mesmo, não importando a que hora tenham iniciado o serviço.

O mérito é aferido não pelas horas de trabalho, mas pela produção. Não há injustiça divina e, muito menos, ar-

154 Estudo Aprofundado da Doutrina Espírita. Livro 3. *Ensinos e parábolas de Jesus. Parte 2*. Marta Antunes de Oliveira de Moura (organizadora). 1. ed. Brasília: FEB, 2019. Os Trabalhadores da Vinha. p. 142.

bitrariedade. Nesses termos, posiciona-se Cairbar Schutel, ao asseverar:

> Na Parábola, pelo que se depreende, não se faz questão da quantidade do trabalho, mas sim da qualidade, e, ainda mais, da permanência do obreiro até o fim. Os que trabalharam na Vinha, desde a manhã até à noite, não mereceram maior salário que os que trabalharam uma única hora, dada a qualidade do trabalho.[155]

Os trabalhadores somos nós, chamados há muito pelo Pai, mas que nem sempre atendemos a esse chamado. Há mais de uma interpretação para os vários trabalhadores da vinha.

A primeira consta de *O Evangelho Segundo o Espiritismo*, afirmando que os obreiros da primeira hora (6 horas) *"são os profetas, Moisés e todos os iniciadores que marcaram as etapas do progresso"*[156] são os Espíritos que, desde o primeiro momento, aceitaram esse convite divino e vêm vivenciando os ensinamentos do Evangelho, ajudando a Humanidade a evoluir.

Os que vieram depois, nas horas terceira (9 horas), sexta (12 horas) e nona (15 horas), seriam os apóstolos, os mártires, os Pais da Igreja, os sábios e os filósofos, que seguiram através dos séculos também despertando para os valores espirituais e lavorando em prol do Cristo.

Por fim, os da undécima hora (17 horas) seriam os Espíritas, que *"foram anunciados e preditos desde a aurora do advento do Messias e receberão a mesma recompensa"*, desde que vivam plenamente as verdades espirituais que

155 SCHUTEL, Cairbar. *Parábolas e ensinos de Jesus*. 20. ed. Matão: O clarim, 2000. Item: Parábola dos Trabalhadores da Vinha, p. 44.

156 KARDEC, Allan. *O Evangelho Segundo o Espiritismo.* Campos dos Goytacazes/RJ: Editora Letra Espírita, 2023. Capítulo 20 - Os trabalhadores da última hora, item 8, p. 241

recebem por intermédio do Espiritismo, o Consolador Prometido por Jesus.

Sobre os Espíritas serem os últimos chamados, assevera o Espírito de Henri Heine, em mensagem ditada em Paris, ano de 1863:

> Últimos chegados, eles aproveitam dos labores intelectuais dos seus predecessores, porque o homem tem de herdar do homem e porque coletivos são os trabalhos humanos: Deus abençoa a solidariedade. Aliás, muitos dentre aqueles que revivem hoje, ou reviverão amanhã, para terminarem a obra que começaram outrora. Mais de um patriarca, mais de um profeta, mais de um discípulo do Cristo, mais de um propagar da fé cristã, se encontram no meio deles, porém, mais esclarecidos, mais adiantados, trabalhando, não já na base, e sim na cumeeira do edifício. Receberão, pois, salário proporcionado ao valor da obra.[157]

Pelas observações de *O Evangelho Segundo o Espiritismo* verificamos que os últimos foram aqueles que demoraram para aceitar e compreender os ensinamentos do Cristo, que, por muitas reencarnações, viraram-lhe as costas e viveram meramente para a satisfação de seus interesses pessoais.

Sem dúvida conseguimos nos ver nessa condição, pois, hoje, que já conhecemos Jesus e que seus ensinos nos tocam o coração, temos dificuldades de viver as verdades evangélicas em sua plenitude. Estamos a todo momento errando e acertando, caindo e nos levantando. Tal fato mostra que ainda não estamos prontos, mas em processo de evolução.

---

157 KARDEC, Allan. *O Evangelho Segundo o Espiritismo.* Campos dos Goytacazes/RJ: Editora Letra Espírita, 2023. Capítulo 20 - Os trabalhadores da última hora, item 3, p. 241.

A segunda interpretação sobre os trabalhadores da vinha podemos encontrar na obra de *Parábolas Evangélicas*, de Rodolfo Calligaris, na qual assevera:

> Os trabalhadores da primeira hora são os Espíritos que contam com maior número de encarnações, mas que não souberam aproveitá-las, perdendo oportunidades que lhes foram concedidas para se regenerarem e progredirem. Os trabalhadores contratados posteriormente simbolizam os Espíritos que foram gerados há menos tempo, mas que, fazendo melhor uso do livre arbítrio, [...] lograram em apenas algumas existências o progresso que outros tardaram a realizar. Assim se explica por que "os primeiros poderão ser os últimos e os últimos serem os primeiros" a ganhar o Reino dos Céus.[158]

Por essa interpretação, os primeiros teriam desperdiçado a oportunidade da reencarnação recebida desde cedo. Os que vieram depois, embora fossem Espíritos criados há menos tempo, foram diligentes, atuantes e tiveram boa vontade, aproveitando as reencarnações para evoluir.

Cada hora de trabalho, portanto, pode ser entendida como uma reencarnação, e o que alguns fazem em poucas, outros necessitam de muitas.

Na expressão *aproximando-se a noite, diz o senhor da vinha ao seu mordomo: Chama os trabalhadores, e paga-lhes o salário, começando pelos derradeiros até aos primeiros*, vemos claramente o momento da prestação de contas, da aferição de resultados a que todos somos chamados quando retornamos à Pátria Espiritual.

Nesses momentos, será verificado se houve efetivo progresso e melhoria espiritual do trabalhador.

158 CALLIGARIS, Rodolfo. *Parábolas Evangélicas*. Brasília: FEB, 2011. Parábola dos trabalhadores e das diversas horas do trabalho. p. 16.

O *aproximando-se a noite* pode significar o fim de uma existência física ou mesmo o fechamento do ciclo evolutivo de um orbe, como o que estamos vivenciando atualmente, com a passagem da Terra de mundo de provas e expiações para mundo de regeneração.

A parte da narrativa em que Jesus aborda a ausência de fraternidade e a inveja que impera entre os homens pode ser encontrada na expressão *estes derradeiros trabalharam só uma hora, e tu os igualaste conosco, que suportamos a fadiga e a calma do dia.*

Quando não nos contentamos com as graças concedidas e nos sentimos injustiçados por Deus, assim também agimos. Acreditamos que o outro é mais bem agraciado, seja com uma vida farta, um trabalho mais importante, uma saúde melhor, dentre outros benefícios.

Quando o pai de família assevera que não está *praticando nenhuma injustiça, por pagar exatamente o ajustado,* o Cristo demonstra a Justiça de Deus, que dá a cada um segundo as suas obras. Entretanto, em virtude do orgulho e do egoísmo que trazemos no coração, temos extrema dificuldade em reconhecer a Justiça nas obras e nos atos de Deus.

Já a Misericórdia Divina fica representada nas palavras subsequentes do pai de família, ao dizer *eu quero dar a este derradeiro tanto como a ti. Ou não me é lícito fazer o que quiser do que é meu? Ou é mau o teu olho porque eu sou bom?* Acerca da Misericórdia de Deus, destaca Frederico Guilherme da Costa Kremer:

> Acima de qualquer interpretação, devemos buscar a essência da mensagem. Deus é bom e misericordioso. É certo que transitamos com mais desenvoltura e entendemos melhor os aspectos da justiça e, por essa razão, temos dificuldades de entender a misericórdia do Pai. Os ensinamentos

de Jesus sobre o tema são, geralmente, os que temos maiores obstáculos para entender e praticar. De fato, gostamos muito da misericórdia para nós, deixando a justiça para o nosso próximo.[159]

E continua o autor:

> Como entender o amor ao próximo? Como entender perdoar setenta vezes sete vezes? São lições drásticas da misericórdia e, como temos dificuldades de entender e, principalmente, praticar, elaboramos interpretações intelectuais para lições claras e objetivas que justifiquem o nosso afastamento do amor divino, aplacando o desconforto da consciência culpada.

É exatamente por isso que *os derradeiros serão primeiros, e os primeiros, derradeiros, porque muitos são chamados, mas poucos, escolhidos.* Os últimos, ao longo das reencarnações, foram os que souberam aproveitar bem o tempo que lhes foi dado na vinha do Senhor, enquanto os primeiros não. Por oportuno, trazemos a passagem de *O Evangelho Segundo o Espiritismo* que diz:

> Deus procede, neste momento, ao censo dos seus servidores fiéis e já marcou com o dedo aqueles cujo devotamento é apenas aparente, a fim de que não usurpem o salário dos servidores animosos, pois aos que não recuarem diante de suas tarefas é que Ele vai confiar os postos mais difíceis na grande obra da regeneração pelo Espiritismo. Cumprir-se-ão estas palavras: "Os primeiros serão os últimos e os últimos serão os primeiros no reino dos céus.[160]

159 KREMER, Frederico Guilherme da Costa. *Jesus de Nazaré: uma narrativa da vida e das parábolas.* 1. ed. Brasília: FEB, 2016. Capítulo 32. A parábola dos operários. p. 249.

160 KARDEC, Allan. *O Evangelho Segundo o Espiritismo*. Campos dos Goytacazes/RJ: Editora Letra Espírita, 2023. Capítulo 20 - Os trabalhadores da última hora, item 5, p. 244.

Quando Jesus disse *muitos são chamados, mas poucos, escolhidos* demonstrava que nem sempre aceitamos verdadeiramente o convite divino recebido.

Não basta estarmos na vinha para sermos escolhidos, é preciso aproveitarmos bem o tempo, termos boa disposição e cuidarmos do aperfeiçoamento das nossas almas. Fazendo isso, receberemos o nosso salário e seremos felizes.

28. Como entender a Parábola dos Dois Filhos Enviados para o Trabalho?

Mas, que vos parece? Um homem tinha dois filhos, e, dirigindo-se ao primeiro, disse: Filho, vai trabalhar hoje na minha vinha. Ele, porém, respondendo, disse: Não quero. Mas depois, arrependendo-se, foi. E, dirigindo-se ao segundo, falou-lhe de igual modo; e, respondendo ele, disse: Eu vou, senhor; e não foi.

Qual dos dois fez a vontade do pai? Disseram-lhe eles: O primeiro. Disse-lhes Jesus: Em verdade vos digo que os publicanos e as meretrizes entram adiante de vós no reino de Deus. Porque João veio a vós no caminho da justiça, e não o crestes, mas os publicanos e as meretrizes o creram; vós, porém, vendo isto, nem depois vos arrependestes para o crer.[161]

Essa parábola é uma versão resumida da Parábola do Filho Pródigo, com a qual tem uma relação profunda e traz orientações bem semelhantes, sintetizando os conceitos centrais do Evangelho. Ambas falam de um pai e da postura diversa que os filhos adotam diante dele.

Examinemos o contexto em que a parábola foi dita. Jesus, normalmente, respondia aos questionamentos que

161 BÍBLIA ONLINE. *Mateus 21:28-32*. Disponível em: https://www.bibliaonline.com.br/. Acesso: 13/09/2023.

lhe eram feitos com uma parábola. Não trazia a resposta toda pronta, mas deixava que seus interlocutores pudessem refletir e chegar à própria conclusão. Envolver os presentes em diálogos é um convite a pensar de modo mais profundo e efetivo.

Esse tipo de debate era comum à época. Os doutores da lei também faziam isso, sendo um aspecto cultural. No caso do Cristo, contudo, existia certa perseguição por parte dos sacerdotes, fariseus e saduceus. Quando Jesus pronunciou essa parábola, estava nesse embate com os doutores da lei. E tal fato ocorreu após purificar o templo[162].

O Mestre destinou a parábola *"diretamente para os membros do Sinédrio, que se consideravam virtuosos por cumprirem exigências e prescrições externas. Com certa arrogância, menosprezavam os pecadores"*.[163] Jesus buscava destacar que os povos mais detentores de conhecimentos, aptos a unir, não ensinavam e nem produziam.

A narrativa é, portanto, uma crítica sutil aos que conheciam o Evangelho, mas não o aplicavam nem o vivenciavam. Um alerta contra posturas preconceituosas.

Perguntaram a Jesus: "Com que autoridade fazes isto? E quem te deu tal autoridade?"[164] E Jesus, entendendo a profundidade do que eles queriam, disse que lhes responderia se eles respondessem a uma pergunta.

162 Mateus 21:12-13. E entrou Jesus no templo de Deus, e expulsou todos os que vendiam e compravam no templo, e derribou as mesas dos cambistas e as cadeiras dos que vendiam pombas; E disse-lhes: Está escrito: A minha casa será chamada casa de oração; mas vós a tendes convertido em covil de ladrões.

163 KREMER, Frederico Guilherme da Costa. *Jesus de Nazaré: uma narrativa da vida e das parábolas.* 1. ed. Brasília: FEB, 2016. Capítulo 34. A parábola dos dois filhos enviados para o trabalho. p. 265

164 BÍBLIA ONLINE. Mateus 21:23. Disponível em: https://www.bibliaonline.com.br/. Acesso: 13/09/2023.

Então, Jesus questiona: *"O batismo de João, de onde era? Do céu, ou dos homens?"*[165] O Mestre desejava saber dos doutores da lei se a missão de João era inspirada pelo Alto ou se ele era um falso profeta.

Os fariseus e saduceus não sabiam o que responder. Se dissessem que vinha do céu, entrariam em contradição, porque não acreditavam que João Batista era um profeta.

De outro modo, se dissessem que era dos homens, entrariam em contradição com o povo, que considerava João um profeta. E não queriam criar essa problemática com o povo. Sendo assim, disseram *"não sabemos"*[166].

Jesus, ao perceber que os doutores da lei não tinham sido sinceros, estando fechados à verdade, resolve não responder, diz *"nem eu vos digo com que autoridade faço isto"*[167] e conta a parábola dos dois filhos.

Cada *filho* representa uma postura em relação à Lei Divina. A atitude do primeiro filho era grave; naquela época um filho não se relacionaria assim com o pai. Ele respondeu dizendo que não iria, mas depois se arrependeu e foi.

O *primeiro filho* representa todos aqueles que erram, se arrependem e lutam pela renovação, voltando para Deus e buscando cumprir a Sua Lei. Eram os *publicanos* e as *meretrizes*. Jesus mostra com isso o amor do Pai.

O Mestre era muito criticado porque se aproximava dos publicanos, dos pecadores, das meretrizes e de todos aqueles que tinham uma vida de equívocos. Todavia, quando arrependidos, procuravam viver o Evangelho.

---

165 BÍBLIA ONLINE. Mateus 21:25. Disponível em: https://www.bibliaonline.com.br/. Acesso: 13/09/2023.

166 BÍBLIA ONLINE. Mateus 21:27. Disponível em: https://www.bibliaonline.com.br/. Acesso: 13/09/2023.

167 BÍBLIA ONLINE. Mateus 21:27. Disponível em: https://www.bibliaonline.com.br/. Acesso: 13/09/2023.

O *segundo filho* tinha muito conhecimento, mas na prática não vivia a Lei, assim como os sacerdotes, os fariseus e os saduceus. Faltava estudo, atitude e autotransformação. São aqueles que ficam paralisados.

Apresentam muito potencial, mas este se perde por conta da conduta ociosa e estacionária. Eram muito exigentes para com os outros, julgavam e criticavam, mas não olhavam para si mesmos.

Muitas vezes também nos comportamos dessa maneira. Hoje já temos muito conhecimento acerca da Lei de Deus e da maneira correta de vivê-la, mas nem sempre conseguimos exemplificar o que falamos. Por isso precisamos refletir com qual dos dois filhos temos nos identificado.

O convite é feito a todas as criaturas menos rudes, que já podem dar sua pequena parcela de contribuição ao serviço do Cristo.

Todos estamos sendo chamados por Deus. A *vinha* não se resume a uma religião, é o todo de possibilidades que a vida nos propõe. É a Terra, nossa oficina de trabalho. A vinha é onde quer que estejamos e com as possibilidades que tenhamos para trabalhar, segundo a nossa condição espiritual.

Acerca do convite do Pai a seus filhos para trabalharem *hoje* na vinha, são interessantes as considerações trazidas por Frederico Guilherme da Costa Kremer, *in verbis*:

> Cada um de nós tem o seu hoje, isto é, cada um tem o seu tempo. O importante é que, quando esse tempo acontecer, nós não hesitemos, pois, a situação pode mudar e as condições para o trabalho se tornam mais difíceis no futuro. Não adiemos nosso hoje,

vencendo a inércia e o comodismo que surgem como barreiras internas.[168]

Tudo é dinamismo. Devemos transformar tudo em frutos através do trabalho, das boas obras que podemos produzir. A luz precisa ser distribuída, não adiantando ficar acumulada em poucos, pois luz em excesso também cega. Ela deve ser dividida para iluminar a vida de todos.

Ao dizer *"em verdade vos digo que os publicanos e as meretrizes entram adiante de vós no reino de Deus"*, Jesus referia-se ao verdadeiro arrependimento, que transforma o ser e o aproxima da divindade. Finaliza a parábola dizendo *"porque João veio a vós no caminho da justiça, e não o crestes, mas os publicanos e as meretrizes o creram; vós, porém, vendo isto, nem depois vos arrependestes para o crer"*.

Os fariseus estavam cegos, não conseguiram ver João Batista nem Jesus. Diziam que João estava endemoniado e perturbado, e que Jesus era um beberrão e um comilão. O problema estava em Jesus ou nos olhos dos fariseus que estavam inflexíveis e cegos às verdades espirituais?

O arrependimento sincero sempre encontra um Pai de amor. O real desejo de mudança nos permitirá aproveitar os braços amorosos de Deus a nos amparar. Sejamos nós qualquer um desses dois filhos, sigamos na direção desse Pai de amor e de bondade.

A Doutrina Espírita ilumina e nos traz respostas. Utilizemos o conhecimento que nos oferece para promover em nós a transformação comportamental que necessitamos. Não desperdicemos a oportunidade de sermos

---

168 KREMER, Frederico Guilherme da Costa. *Jesus de Nazaré: uma narrativa da vida e das parábolas.* 1. ed. Brasília: FEB, 2016. Capítulo 34. A parábola dos dois filhos enviados para o trabalho. p. 266.

melhores a cada dia, trabalhando com alegria e afinco na vinha do Senhor.

29. Como entender a Parábola do Festim das Bodas ou do Banquete Nupcial?

Então Jesus, tomando a palavra, tornou a falar-lhes em parábolas, dizendo: O reino dos céus é semelhante a um certo rei que celebrou as bodas de seu filho; E enviou os seus servos a chamar os convidados para as bodas, e estes não quiseram vir. Depois, enviou outros servos, dizendo: Dizei aos convidados: Eis que tenho o meu jantar preparado, os meus bois e cevados já mortos, e tudo já pronto; vinde às bodas. Eles, porém, não fazendo caso, foram, um para o seu campo, outro para o seu negócio; e os outros, apoderando-se dos servos, os ultrajaram e mataram. E o rei, tendo notícia disto, encolerizou-se e, enviando os seus exércitos, destruiu aqueles homicidas, e incendiou a sua cidade. Então disse aos servos: As bodas, na verdade, estão preparadas, mas os convidados não eram dignos. Ide, pois, às saídas dos caminhos, e convidai para as bodas a todos os que encontrardes. E os servos, saindo pelos caminhos, ajuntaram todos quantos encontraram, tanto maus como bons; e a festa nupcial foi repleta de convidados. E o rei, entrando para ver os convidados, viu ali um homem que não estava trajado com veste de núpcias. E disse-lhe: Amigo, como entraste aqui, não tendo veste nupcial? E ele emudeceu. Disse, então, o rei aos servos: Amarrai-o de pés e mãos, levai-o, e lançai-o nas trevas exteriores; ali haverá pranto e ranger de dentes. Porque muitos são chamados, mas poucos escolhidos.[169]

A parábola ensina que muitos ouvem e conhecem a palavra divina, mas que poucos verdadeiramente guar-

169 BÍBLIA ONLINE. *Mateus 22:1-14*. Disponível em: https://www.bibliaonline.com.br/. Acesso: 13/09/2023.

dam-na no coração e a vivenciam em suas vidas. Foi a última parábola dita por Jesus antes do Sermão Profético, seu discurso final antes do martírio.

Essa passagem, assim como a grande maioria das palavras de Jesus, procura despertar no povo a ideia do amor e da Vida Espiritual, fazendo com que as criaturas se elevem acima da matéria, incorporando os princípios do Espírito.

Analisemos o sentido das palavras: festa, servos, dos vários convidados, das encruzilhadas, da destruição dos homicidas e da túnica nupcial.

A *festa* é uma simbologia que significa o Reino de Deus, retratando um ambiente de alegria, de bem-estar e de felicidade, que todos desejariam usufruir e participar. A *boda* indica a necessidade de estarmos em comunhão com Deus, representando um ambiente de alegria, vitória, amor, plenitude espiritual e felicidade.

O *Reino de Deus* pode ser um estado d'alma íntimo de cada homem de bem, ou mesmo um local onde o amor e a fraternidade orientam e dirigem as ações de seus habitantes. A imagem da festa mais facilmente penetra na mente do povo e fortalece a ideia de que o Reino de Deus é bom e deve ser buscado.

Os *servos* do Senhor são os profetas, portadores do convite celeste, que conclamavam as criaturas a seguirem os ensinamentos divinos e alcançarem a felicidade. Muitos deles, entretanto, não foram ouvidos, tiveram seus avisos ignorados e acabaram sendo massacrados pelos judeus, exatamente como ocorreu aos servos da parábola.

Os *bois e cevados* representam as lições do Evangelho, o alimento para a nossa alma, capazes de matar a fome do nosso Espírito, vivificando-o. Com essas iguarias espirituais seremos felizes e abundantes.

Os *convites* foram vários, tendo cada um o seu significado próprio. Todos os convites que nos chegam, mesmo os que vêm de forma dolorosa, são muito significativos para o nosso crescimento e a nossa união com Deus. Sobre o modo como o primeiro convite foi feito e a maneira como foi negado, é considerável a abordagem feita por Rafael Lavarini, quando assinala:

> No primeiro convite, narra-se que o Rei apenas determinou a ida dos servos para chamar os convidados [...] Ou seja, um chamado com explicações, sem detalhes maiores. Consequentemente uma recusa do convite que não entristeceu tanto aquele Rei. Faz-nos lembrar da primeira revelação: Moisés. Fez o convite ao Reino dos Céus. [...]. Pois, o convite não havia sido feito de maneira detalhada.[170]

Os primeiros convidados representam os judeus, por serem os escolhidos inicialmente para receberem os ensinamentos divinos. Tinham a ideia monoteísta e repeliam toda e qualquer idolatria. Tiveram Moisés e estavam mais preparados espiritualmente para as verdades espirituais trazidas por Jesus.

Todavia, mesmo com os conhecimentos apresentados, houve aqueles que rejeitaram o Cristo e a sua mensagem, em especial os fariseus e os saduceus. Com seu orgulho, seu fanatismo e sua incredulidade, não tiveram olhos para reconhecerem em Jesus o Salvador prometido.

Imaginavam e esperavam que o Messias tornasse o povo judeu o maior entre os demais, com total supremacia e dominação material. Apegaram-se excessivamente à forma exterior e esqueceram o aspecto moral dos ensinamentos. Diz *O Evangelho Segundo o Espiritismo*:

---

170 PAPA, Rafael. *Parábolas de Jesus à Luz da Doutrina Espírita*. Por autores diversos. 1. ed. Juiz de Fora: Fergus, 2019. Parábola do festim das bodas. p. 210.

> Foi então que apareceu Jesus, enviado para os chamar à observância da Lei e para lhes rasgar os horizontes novos da vida futura. Dos primeiros a ser convidados para o grande banquete da fé universal, eles repeliram a palavra do Messias celeste e a imolaram. Perderam assim o fruto que teriam colhido da iniciativa que lhes coubera.[171]

Muitos de nós, como os hebreus, temos o conhecimento moral e não aceitamos o convite para a nossa melhoria.

Segundo Cairbar Schutel, os primeiros também podem ser entendidos como os *"doutos, os ricos, os sábios, os aristocratas, os sacerdotes"*[172], exatamente porque eram os que se encontravam em melhores condições de entendimento e, por isso, de participarem das bodas.

Acerca do segundo convite, é importante observar que o Rei pediu aos servos que explicassem até o cardápio do festim, dando mais detalhes do majestoso acontecimento aos convidados.

Sobre quem realizou no mundo esse segundo convite, Rafael Lavarini observa que foram os *"chamados profetas e mensageiros de Deus que reencarnaram a partir do ano 1.000 a.C. e fizeram convites mais claros aos judeus"*.[173]

Os *convidados que foram para o campo e para seus negócios* representam os que priorizam a vida material e seus interesses pessoais, desprezando as coisas espirituais.

Assim como eles, muitos têm a oportunidade de conhecer a mensagem cristã e não são por ela tocados, permanecendo indiferentes e deixando que o chamamento

---

171 KARDEC, Allan. *O Evangelho Segundo o Espiritismo*. Campos dos Goytacazes/RJ: Editora Letra Espírita, 2023. Capítulo 18 - Muitos os chamados, poucos os escolhidos, item 2, p. 224.

172 SCHUTEL, Cairbar. *Parábolas e ensinos de Jesus*. Matão: O Clarim, [2018?]. Item: Parábola das bodas. p. 61.

173 PAPA, Rafael. *Parábolas de Jesus à Luz da Doutrina Espírita*. Por autores diversos. 1. ed. Juiz de Fora: Fergus, 2019. Parábola do festim das bodas. p. 210.

do mundo prepondere. É relevante refletirmos e avaliarmos se não nos enquadramos nessa condição, verificando até que ponto estamos realmente vivenciando as verdades espirituais.

A *destruição dos homicidas* que mataram os servos e a cidade incendiada significam a chegada da dor junto aos corações endurecidos e contrários à Lei de Deus.

O convite é sempre amoroso, mas, se ainda optamos pelo erro, renegando o carinhoso chamado do Senhor, precisamos ser visitados pelo sofrimento. O pranto e o ranger de dentes será necessário para o despertamento espiritual, fazendo com que saiamos das ilusões do mundo.

A *ida às encruzilhadas,* às *saídas dos caminhos*, reunindo pelas ruas os bons e os maus significa que a mensagem divina seria dada a todos os povos, mesmo os que fossem pagãos e idólatras. Se a aceitassem verdadeiramente, seriam bem recebidos no Reino de Deus e tomariam mesmo o lugar dos primeiros convidados.

Tecendo considerações sobre o último convite, afirma Rafael Lavarini que este momento é *"representado pela vinda de Jesus, pois segundo o próprio Mestre em Mateus 8:11 'Meus seguidores virão do Oriente e do Ocidente'. Jesus e seus servos convida a todos."*[174]

Todavia, a aceitação do convite precisaria ser real, de coração, não bastando proclamar-se cristão e não praticar. Não é suficiente dizer-se membro de uma determinada crença para poder tomar parte no festim celeste, como alerta Frederico Guilherme da Costa Kremer:

> Deus jamais nos abandona. Em todas as épocas, a humanidade recebeu enviados e missionários com o objetivo de convidar as criaturas para a festa nupcial. Entretanto, não basta ser convidado,

174 PAPA, Rafael. *Parábolas de Jesus à Luz da Doutrina Espírita*. Por autores diversos. 1. ed. Juiz de Fora: Fergus, 2019. Parábola do festim das bodas. p. 211.

> como não basta declarar-se cristão. É necessário o ajustamento às Leis Divinas, isto é, vestir a túnica nupcial.[175]

Estar portando a veste nupcial é sinônimo de pureza de coração, da prática da Lei de Deus em verdade e em Espírito.

É o completo atendimento ao chamado do amado Mestre, quando nos disse *“... e eu te mostrarei a minha fé pelas minhas obras.”*[176], *“Eu, porém, entre vós, sou como aquele que serve.”*[177], *“Vinde a mim...”*[178], *“Busque a paz e siga-a.”*[179], *“Não amemos de palavra, nem de língua, mas por obras e em verdade.”*[180], *“Assim, resplandeça a vossa luz diante dos homens.”*[181], dentre outros.

E, para isso, é indispensável vivermos a Lei de Deus. Quem não as vivencia terá determinadas portas do Plano Espiritual fechadas, até que possa reconstituir o seu próprio destino e alinhar o coração com a Lei Divina. Na narrativa, esse é o significado do trecho *“amarrai-o de pés e mãos, levai-o e lançai-o nas trevas exteriores; ali, haverá pranto e ranger de dentes”*.

Se continuarmos com os nossos desenganos e erros, tal condição será necessária para que saiamos da nossa

---

175 KREMER, Frederico Guilherme da Costa. *Jesus de Nazaré: uma narrativa da vida e das parábolas*. 1. ed. Brasília: FEB, 2016. Capítulo 36. A parábola do banquete nupcial. p. 275.

176 BÍBLIA ONLINE. *Tiago 2:18*. Disponível em: https://www.bibliaonline.com.br/. Acesso: 13/09/2023.

177 BÍBLIA ONLINE. *Lucas 22:27*. Disponível em: https://www.bibliaonline.com.br/. Acesso: 13/09/2023.

178 BÍBLIA ONLINE. *Mateus 11:28*. Disponível em: https://www.bibliaonline.com.br/. Acesso: 13/09/2023.

179 BÍBLIA ONLINE. *Pedro 3:11*. Disponível em: https://www.bibliaonline.com.br/. Acesso: 13/09/2023.

180 BÍBLIA ONLINE. *João 3:18*. Disponível em: https://www.bibliaonline.com.br/. Acesso: 13/09/2023.

181 BÍBLIA ONLINE. *Mateus 5:16*. Disponível em: https://www.bibliaonline.com.br/. Acesso: 13/09/2023.

cegueira espiritual, entendendo que as vestes materiais precisam ser retiradas para que as nupciais brilhem.

A Humanidade terrena, formada de Espíritos encarnados e desencarnados, está a todo momento sendo convidada à reforma íntima, à reconstrução de um mundo mais feliz, onde o amor e a caridade sejam a pedra de toque a conduzir nossas vidas. Esta é a condição necessária para que possamos permanecer na Terra regenerada.

Como temos o livre-arbítrio, podemos ou não aceitar o convite divino. Este é o significado de Jesus dizer *muitos são chamados, mas poucos escolhidos.*

Se aceitarmos o convite, vestindo a túnica nupcial, viveremos o bem em pensamentos, palavras e ações, buscando o aperfeiçoamento individual e o dos semelhantes também. Estaremos adequados à nova condição da Humanidade, quando estiver transformada em uma sociedade mais justa e livre.

Por outro lado, se continuarmos presos aos nossos interesses materiais, dificultando o progresso intelectual e moral dos homens, seremos recambiados para outros orbes condizentes com a nossa condição evolutiva. Por meio das dificuldades e das aflições enfrentadas, iremos nos desenvolver moralmente.

Deus é paciente e aguarda o nosso tempo, não violentando as consciências nem o livre-arbítrio. Que possamos decidir nosso destino com inteligência, bom senso e muito amor, reeducando os sentidos e crescendo para Deus. Esta é a finalidade essencial da nossa existência.

30. Como entender a Parábola das Dez Virgens?

Então o reino dos céus será semelhante a dez virgens que, tomando as suas lâmpadas, saíram ao encontro do esposo. E cinco delas eram prudentes, e cinco loucas. As loucas, tomando as suas lâmpadas, não levaram azeite consigo.

Mas as prudentes levaram azeite em suas vasilhas, com as suas lâmpadas. E, tardando o esposo, tosquenejaram todas, e adormeceram. Mas à meia-noite ouviu-se um clamor: Aí vem o esposo, saí-lhe ao encontro. Então todas aquelas virgens se levantaram, e prepararam as suas lâmpadas. E as loucas disseram às prudentes: Dai-nos do vosso azeite, porque as nossas lâmpadas se apagam.

Mas as prudentes responderam, dizendo: Não seja caso que nos falte a nós e a vós, ide antes aos que o vendem, e comprai-o para vós. E, tendo elas ido comprá-lo, chegou o esposo, e as que estavam preparadas entraram com ele para as bodas, e fechou-se a porta. E depois chegaram também as outras virgens, dizendo: Senhor, Senhor, abre-nos. E ele, respondendo, disse: Em verdade vos digo que vos não conheço. Vigiai, pois, porque não sabeis o dia nem a hora em que o Filho do homem há de vir.[182]

Na parábola Jesus ensina sobre o Reino dos Céus. Faz uma analogia com o casamento judaico para ensinar sobre a necessidade de estarmos em comunhão com Deus.

Examinemos o contexto em que foi dita. Nas festividades judaicas, o casamento durava sete dias. A noiva esperava a primeira visita do noivo na casa dela, na companhia das virgens. Depois, todo o grupo seguia em cortejo para a casa do noivo.

As noivas sabiam da probabilidade de o noivo chegar durante a noite, razão pela qual o bom senso recomendava levarem azeite extra em suas vasilhas, para acenderem a lâmpada quando o noivo chegasse. As núpcias, normalmente, realizavam-se à noite àquela época.

182 BÍBLIA ONLINE. *Mateus 25:1-13*. Disponível em: https://www.bibliaonline.com.br/. Acesso: 13/09/2023.

O *Reino de Deus* é comparado às dez virgens, demonstrando que sua conquista depende de iluminação interior e de instrução espiritual. A despeito de ser acessível a todos, para nele adentrarmos, precisamos sair da ignorância. Não é suficiente resguardarmo-nos da corrupção, é indispensável a luz que esclarece. Cairbar Schutel adverte:

> Não é bastante a virgindade espiritual para a entrada da criatura humana no Reino de Deus, mas é preciso que a mesma seja ligada ao conhecimento, a todo o conhecimento que nos foi dado por Jesus Cristo [...]. Não pode haver no Céu um misto de ignorância e de santidade.[183]

A *virgem* significa a Terra e o *noivo* representa Jesus. Demonstra que existirá um dia em que uma união imperecível entre a Humanidade e a mensagem de amor trazida por Jesus será formada. William Jacob, tecendo considerações sobre o tema, lembra que a tradição judaica exige que o pai do noivo dê um dote à família da noiva. Sendo Jesus o noivo, e Deus o pai do noivo, assevera:

> Jesus é um enviado direto de Deus-Pai para a família-humanidade; portanto, Deus, *pai do noivo*, deu um presente a todos nós, *família da noiva*, chamado Evangelho, a Boa Nova, a mensagem de amor, cujo mensageiro foi o próprio Nazareno [grifos do original].[184]

Quando essa união verdadeira chegar, será o dia do *casamento*, significando o momento em que o planeta ascende na escala evolutiva dos mundos. Será uma era em

---

183 SCHUTEL, Cairbar. *Parábolas e ensinos de Jesus*. Matão: O Clarim, [2018?]. Item: Parábola das virgens prudentes e das néscias. p. 72.

184 PAPA, Rafael. *Parábolas de Jesus à Luz da Doutrina Espírita*. Por autores diversos. 1. ed. Juiz de Fora: Fergus, 2019. Parábola das dez virgens. p. 174.

que todas as criaturas irão se amar e haverá fraternidade entre todos os povos. Não haverá mais guerras nem exploração de uns pelos outros. Nesse dia a Terra atingirá um novo patamar evolutivo e seremos um mundo mais feliz.

Na Bíblia a relação do homem com Deus é simbolizada por um casamento. Se você ama a Deus acima de todas as coisas você é uma virgem, retratando a virgindade do coração, a espiritual, não a carnal. Se não amamos a Deus, somos casados com outros deuses.

Se amamos o dinheiro mais que Deus, é com a riqueza que estaremos casados. Se amamos a violência, nos casamos com o crime, não com Deus. Atraímos para a nossa vida e o nosso destino aquilo que mais amamos. Se amamos muitas coisas acima de Deus, temos muitos donos e deles nos tornamos escravos.

As dez virgens saem para encontrar o esposo, que é Jesus. Saem para fazer esse casamento com Cristo, simbolizando nossa união com o Criador e as Leis Divinas.

As virgens significam *"a incorruptibilidade, [...] todos aqueles que se conservam isentos da corrupção do mundo"*[185]. Não estamos falando da virgindade de corpos, mas da alma, de todos que buscam se resguardar das corrupções do mundo.

Cinco virgens eram *prudentes* e cinco eram *loucas*. As primeiras remetem aos que, além de incorruptíveis, estudam, utilizam a razão, de forma a compreender a vida e as verdades espirituais, com lógica, razão e bom senso. São dotados de virtudes ativas, promovem boas obras em benefício do próximo e de si mesmo. Com isso, garantem sua iluminação interior e sua união com o Cristo.

185 SCHUTEL, Cairbar. *Parábolas e ensinos de Jesus*. Matão: O Clarim, [2018?]. Item: Parábola das virgens prudentes e das néscias. p. 71

As segundas, chamadas também de imprudentes ou néscias, configuram os que não fazem o mal e acreditam que isso é o bastante para conquistarem o Reino de Deus. Esquecem que a pureza precisa vir secundada pela bondade e pelo amor. Sem isso é como a lâmpada mal provida de azeite, que, no meio da noite, se apaga e não fornece mais luz.

Não buscam conhecer as verdades espirituais. Podem até deter muito conhecimento, mas não sobre o que realmente importa para a ascensão espiritual de suas almas. Dotados de uma fé aparente, não encheram seus Espíritos com a Luz Divina, seguem com suas candeias apagadas. Esses não poderão acompanhar o noivo nem com ele entrar nas bodas.

O *azeite*, sendo o combustível para iluminar a candeia, significa a luz espiritual, a sabedoria, os conhecimentos e a inteligência, que promovem a iluminação de nossas almas, acendendo em nossos corações a luz da fé.

As virgens imprevidentes, na hora da necessidade, quiseram que as outras lhes emprestassem o azeite, mas isso não aconteceu. Ao dizer essas palavras, Jesus não estimulou o egoísmo, como alguns podem pensar, mas somente demonstrou que o processo evolutivo é uma conquista individual. As virtudes são intransferíveis.

Ninguém evolui por ninguém, cada Espírito adquire sua luz própria e alcança sua depuração espiritual. Portanto, será inútil clamar: *"Senhor, Senhor, abre-nos a porta"*, porque o Cristo nos responderá: *"Não vos conheço"*.

A chegada do noivo, que é Jesus, simboliza a Terra regenerada, quando aqui vivenciamos de forma mais verdadeira o amor a Deus e ao próximo. Rodolfo Calligaris, sobre o tema, ensina:

> A chegada do noivo, como facilmente se deduz, é a era de paz, alegria e felicidade que a Terra desfrutará num futuro próximo, quando, após sofrer grandes transformações, será devidamente expurgada para tornar-se a morada de espíritos de boa vontade, que aqui implantarão uma nova civilização, verdadeiramente cristã, baseada no amor e na fraternidade universal.[186]

Importa destacar, quanto à data e à hora da chegada do noivo, que eram desconhecidas pelas virgens. Tal como na parábola, não nos é possível afirmar com segurança em que momento a Terra ascenderá na escala dos mundos. Este é o significado das palavras *"Vigiai, pois, porque não sabeis o dia nem a hora em que o Filho do homem há de vir"*.

As virgens mantinham as luzes das candeias acesas exatamente porque o ambiente externo era escuro, de trevas, fazendo uma nítida alusão à vida íntima de muitas pessoas. *Meia-noite* pode ser entendida como o momento em que a escuridão, íntima e do planeta, atinge o seu ápice.

Nossa vida é também uma cadeia viva. Quem se esforçar para manter sua chama acesa, como as virgens prudentes, terá acesso às bodas e ao noivo, ao mundo regenerado que está por vir.

As virgens imprudentes, em momento posterior, regressarão com o óleo e a experiência adquirida, tendo também direito a serem admitidas nas bodas do noivo. Observemos que o Reino de Deus foi assemelhado a dez virgens e não apenas a cinco, demonstrando que as retardatárias igualmente conseguiram entrar somente em outro ciclo evolutivo, posterior ao das previdentes.

186 CALLIGARIS, Rodolfo. *Parábolas Evangélicas*. Brasília: FEB, 2011. Parábola da Dez Virgens. p. 22.

Ninguém será excluído do Reino de Deus; quem não entrar agora, o fará em outra oportunidade. Trabalhemos ativamente para manter acesa a luz da nossa fé e apagarmos as trevas que ainda trazemos no coração. Para isso o caminho é o da caridade, do sentimento do bem e do espírito de justiça. O Pai está conosco e tudo nos será possível.

31. Como entender a Parábola dos Talentos?

Porque isto é também como um homem que, partindo para fora da terra, chamou os seus servos, e entregou lhes os seus bens. E a um deu cinco talentos, e a outro dois, e a outro um, a cada um segundo a sua capacidade, e ausentou-se logo para longe. E, tendo ele partido, o que recebera cinco talentos negociou com eles, e granjeou outros cinco talentos. Da mesma sorte, o que recebera dois, granjeou também outros dois. Mas o que recebera um, foi e cavou na terra e escondeu o dinheiro do seu senhor. E muito tempo depois veio o senhor daqueles servos, e fez contas com eles. Então aproximou-se o que recebera cinco talentos, e trouxe-lhe outros cinco talentos, dizendo: Senhor, entregaste-me cinco talentos; eis aqui outros cinco talentos que granjeei com eles.

E o seu senhor lhe disse: Bem está, servo bom e fiel. Sobre o pouco foste fiel, sobre muito te colocarei; entra no gozo do teu senhor. E, chegando também o que tinha recebido dois talentos, disse: Senhor, entregaste-me dois talentos; eis que com eles granjeei outros dois talentos. Disse-lhe o seu senhor: Bem está, bom e fiel servo. Sobre o pouco foste fiel, sobre muito te colocarei; entra no gozo do teu senhor. Mas, chegando também o que recebera um talento, disse: Senhor, eu conhecia-te, que és um homem duro, que ceifas onde não semeaste e ajuntas onde não espalhaste; E, atemorizado, escondi na terra o teu talento; aqui tens o que é teu. Respondendo, porém, o seu senhor, disse-lhe: Mau e negligente servo; sabias que ceifo onde não semeei e ajunto onde não espalhei?

Devias então ter dado o meu dinheiro aos banqueiros e, quando eu viesse, receberia o meu com os juros. Tirai-lhe, pois, o talento, e dai-o ao que tem os dez talentos. Porque a qualquer que tiver será dado, e terá em abundância; mas ao que não tiver até o que tem ser-lhe-á tirado. Lançai, pois, o servo inútil nas trevas exteriores; ali haverá pranto e ranger de dentes.[187]

Na narrativa Jesus alerta a Humanidade sobre a vigilância e a responsabilidade ante as concessões e os empréstimos divinos. Aponta caminhos do futuro e ensina aos homens um padrão de atitude. É também uma parábola do juízo, pois aborda a transição planetária, quando todos serão chamados a prestarem contas dos atos realizados.

Foi proferida pelo Cristo na semana em que seria traído, fazendo parte das suas exortações no Sermão Profético. Estando no Monte das Oliveiras com seus discípulos, fala-lhes inicialmente sobre a vigilância, na Parábola das Dez Virgens, e depois conta a dos talentos, oportunidade em que traz uma advertência e, igualmente, um consolo.

Gutemberg Paschoal, comentando a parábola, assevera ser o *"aviso viril a todos nós que esmorecemos, que permanecemos aguardando revoluções externas para a tomada de decisões que competem ao campo íntimo"*[188]. A hora da transição chegou, e precisamos estar atentos, uti-

187 BÍBLIA ONLINE. *Mateus 25:14-30*. Disponível em: https://www.bibliaonline.com.br/. Acesso: 13/09/2023.

188 PAPA, Rafael. *Parábolas de Jesus à Luz da Doutrina Espírita*. Por autores diversos. 1. ed. Juiz de Fora: Fergus, 2019. Parábola dos Talentos. p. 131.

lizando os talentos recebidos para darmos os passos que nos competem.

O *Senhor* da parábola representa Deus, nosso Senhor Maior. Ele nos governa e nos orienta, pois somos seus filhos. Os *servos,* sendo aqueles que servem e obedecem às orientações do Senhor, significam o homem, todos os filhos do Criador. É na condição de servos que teremos a condição de trabalhar e desenvolver os talentos recebidos de Deus.

A narrativa divide os *servos em bons e maus*. Os primeiros são os que cumprem a vontade de Deus, sabendo multiplicar os bens temporariamente emprestados pelo Alto. Os maus, de outro modo, assim não agem, enterrando o talento.

Talento era uma unidade de peso, uma medida usada para grandes quantidades de massa, de ouro ou de prata. Um talento pesava 58,9 kg e correspondia a 6.000 denários, naquela época, uma pequena moeda de prata que circulava no Império Romano e equivalia à diária de um trabalhador comum.[189] Percebemos, então, que o Senhor concedeu aos servos altas quantias monetárias.

Na parábola, os *talentos* eram recursos financeiros, mas em nossa vida não se restringem a dons materiais. São todos os recursos, materiais e espirituais, concedidos por Deus para promovermos o bem, a nós mesmos e ao próximo.

A Espiritualidade aborda acerca da missão dos Espíritos encarnados e afirma que consiste na instrução dos homens, no auxílio ao progresso e no melhoramento das instituições, por meios diretos e materiais. Cada um neste mundo tem a sua missão, podendo todos terem

---

189 WIKIPÉDIA. *Talento (unidade de medida)*. Disponível em: https://pt.wikipedia.org/wiki/Talento_(unidade_de_medida). Acesso em: 02/09/2022.

alguma utilidade.[190] Nesse sentido é a ponderação feita por Cairbar Schutel, *in verbis:*

> Não existe um só indivíduo no mundo que não seja depositário de um talento [...]. Ainda mesmo aqueles que se julgam miseráveis e mendigam a caridade pública, se perscrutarem as suas aptidões, o que trazem oculto nos recônditos de sua alma, verão que não são tão desgraçados como se julgam.[191]

Somos todos, portanto, ricos de talentos, não havendo quem deles esteja privado, mas dependendo do uso que fizermos do nosso livre-arbítrio, podemos aumentá-los ou suprimi-los. Como exemplo de talentos materiais, mencionamos o dinheiro, os amigos, o trabalho, a família, o corpo físico etc.

Por meio do dinheiro, o ser humano pode contribuir para o desenvolvimento de todos, não devendo utilizá-lo unicamente para a satisfação de seus interesses egoístas.

Quando os recursos financeiros são destinados para o desenvolvimento da ciência e da tecnologia, para o auxílio às instituições de caridade ou para a diminuição da fome, os dons divinos estão sendo devidamente empregados.

No caso dos amigos, é extremamente necessário sabermos valorizá-los. São as pessoas que nos auxiliam durante a caminhada, sustentando-nos nos momentos de dificuldades.

Será que estamos sabendo cuidar bem desse talento? Tratamos os amigos com respeito, consideração e reciprocidade? Se não dermos o devido valor aos nossos amigos,

---

190 KARDEC, Allan. *O Livro dos Espíritos*. Campos dos Goytacazes/RJ: Editora Letra Espírita, 2022. Q. 573. p. 224.

191 SCHUTEL, Cairbar. *Parábolas e ensinos de Jesus*. 20. ed. Matão: O clarim, 2000. Item: Parábola dos Talentos e das Minas. p. 77.

seremos privados deles, tendo a solidão como companheira.

O talento "família" igualmente precisa ser valorizado e bem aproveitado. Muitas crianças são órfãs e desprovidas desse bem divino, assim como muitos adultos. Se temos uma família, mesmo apresentando dificuldades, é um talento, e dela devemos fazer o melhor proveito possível. Torná-la harmônica, feliz e amorosa.

Em um planeta onde há tanto desemprego, não podemos esquecer do trabalho. Se temos uma atividade laboral, é, da mesma forma, uma permissão divina, uma oportunidade para sermos honestos e fazermos todo o bem possível. Agindo de maneira ilícita para a obtenção de um benefício pessoal, de um cargo, de uma promoção ou de um aumento de salário, por exemplo, enterramos o talento.

O talento "corpo físico", de extrema importância para a nossa evolução, não pode ser descurado. Ter bons hábitos para manter o organismo equilibrado é nosso dever. Quando o enfermamos com excessos de todo tipo, causamos seu desencarne precoce. Isso é sinônimo de esconder o dom ofertado pelo Pai.

A doença, ainda que poucos assim a compreendam, é igualmente um talento. Lembremos que todos os recursos foram emprestados por Deus para evoluirmos, e a doença é um deles. Permite-nos repensar valores e atitudes, auxiliando-nos na correção de caminhos. Ao limitarem o corpo, expandem a alma.

Dentre os talentos espirituais, mencionamos a inteligência, a cultura, a paciência, a sabedoria, o saber ouvir, o sorriso, o amor e muitos outros. São todos os bens imateriais ofertados pelo Criador para serem ampliados.

Com eles auxiliamos pessoas, levamos alegria, consolo e esperança a todos.

Recordemos *O Evangelho Segundo o Espiritismo* ao discorrer sobre a missão do homem inteligente na Terra. Ensina que a inteligência é o instrumento com o qual podemos ajudar a desenvolver as inteligências retardatárias, conduzindo-as a Deus.

Muitos a utilizam para destruir a ideia de divindade. Esses não serão recompensados com outros talentos, mas arrastarão existências miseráveis e cheias de humilhações, até se curvarem diante d'Aquele a quem tudo devem.[192]

Compreendamos, agora, o *tempo* mencionado na parábola. Após a distribuição dos talentos, o Senhor ausentou-se por longo período, dando a seus servos tempo suficiente para reproduzirem os dons recebidos.

O tempo representa as várias reencarnações, período no qual somos convidados a usar adequadamente as bênçãos recebidas e crescermos espiritualmente. Aqui estamos para sermos provados, para repararmos os erros cometidos e nos habilitarmos para a assunção de maiores responsabilidades.

O momento do retorno do Senhor, quando seus servos serão chamados a *fazer contas* do uso dos dons recebidos, deve ser interpretado como o desencarne, ao qual todos estamos submetidos. Não sabemos quando isso se dará, mas, para esse momento, precisamos estar preparados.

É imperioso trabalharmos com dedicação, não postergando os deveres do Espírito. Se retornássemos hoje à erraticidade, chegaríamos tranquilos, com os bolsos es-

192 KARDEC, Allan. *O Evangelho Segundo o Espiritismo*. Campos dos Goytacazes/RJ: Editora Letra Espírita, 2023. Capítulo 7 - Bem-aventurados os pobres de espírito, item 13, p. 108-109.

pirituais cheios de talentos, ou temerosos por não termos sabido bem administrá-los?

Aspecto relevante diz respeito à *distribuição desigual dos talentos*. Por que os talentos foram distribuídos em cinco, dois e um? Tal atitude decorre da diversidade de aptidões e de dinamismo dos servos.

Embora tenhamos reencarnado conjuntamente, estamos em graus evolutivos diferentes, portanto, os dons não podem ser distribuídos sempre de forma igualitária, mas *segundo a capacidade de cada servo*.

Naturalmente que os Espíritos mais evoluídos, experimentados e intelectualizados têm capacidade de receber maior número de talentos e, consequentemente, de terem maior responsabilidade.

Os mais imperfeitos e criados há menos tempo, exatamente por não apresentarem as mesmas habilidades intelectuais e morais, recebem menos talentos e menos incumbências a cumprir. Deus, sendo infinitamente justo, dá os fardos conforme a força dos ombros.

O servo que recebe cinco talentos representa os Espíritos que vêm à Terra na condição de missionários. São os grandes avatares da Humanidade, que dedicam suas existências para o desenvolvimento da coletividade terrena e, como tal, carregam grandes responsabilidades.

Na atualidade, os servos que recebem dois talentos seriam os Espíritos que, embora não estejam comprometidos com a Humanidade inteira, assumem a tarefa de cuidar de seu grupo familiar ou, ainda, de desenvolverem outros grupos de pessoas.

No âmbito familiar, há pessoas consideradas o esteio, unindo, fortalecendo e mantendo todos em harmonia e paz. Assumem a responsabilidade por uma coletividade menor, não se preocupando apenas consigo mesmas, mas com todo o agrupamento.

Já os que recebem um único talento são Espíritos a quem Deus não pede grandes feitos, não solicita que trabalhem em benefício de várias pessoas, mas unicamente de si mesmos. Que promovam o próprio crescimento espiritual, trocando suas imperfeições por nobres valores.

Quando cumprimos adequadamente com os compromissos assumidos, fazendo crescer os dons concedidos, seremos agraciados. Receberemos todo o auxílio que necessitamos para aumentarmos as virtudes adquiridas pelo correto uso dos bens de Deus.

Por isso afirmou o Cristo *sobre o pouco foste fiel, sobre muito te colocarei; entra no gozo do teu senhor.* Nesse momento entraremos *no gozo do Senhor* e adquiriremos mais responsabilidade e autoridade.

É interessante destacar o *temor* do servo mau, fazendo-o desistir de lutar para melhorar o talento. Disse que agiu assim por medo do Senhor, por considerá-lo *duro e rigoroso, ceifando onde não semeia e ajuntando onde não espalha.*

Da mesma forma agimos muitas vezes. Deixamo-nos envolver na ociosidade pelo medo da ação. Como lembra Emmanuel, é o *"medo de trabalhar, medo de servir, medo de fazer amigos, medo de desapontar, medo de sofrer, medo da incompreensão, medo da alegria, medo da dor"*[193]. Tudo é motivo para nada fazermos.

Como o servo, escondemos o talento e ainda *culpamos o Senhor* pela nossa incúria, preguiça e imprevidência. Afirmamos que, se Deus nos tivesse dado uma condição social diversa, um emprego melhor, uma família mais

193 XAVIER, Francisco Cândido. *Fonte Viva*. Pelo Espírito Emmanuel. [s.l]: L. Neilmoris, 2008. Lição 132. Tendo medo. p. 146.

abastada ou uma saúde mais forte, tudo seria diferente. Esquecemos que estamos na condição e juntos com as pessoas que necessitamos para evoluir.

Ao asseverar ser o *servo mal e negligente*, o senhor demonstra não ter sido enganado pela desculpa apresentada. Deus é essencialmente misericordioso, mas também justo. Conhece plenamente nossas condutas e nossos pensamentos, pois *ceifa até mesmo onde não semeou e ajunta onde não espalhou,* nada estando alheio ao Seu conhecimento.

Não foi por acaso que o senhor repassou o talento do mau servo para o que tinha conseguido multiplicar mais, dizendo *a qualquer que tiver ser-lhe-á dado e terá em abundância, mas ao que não tiver, até o que tem lhe será tirado.* Deus, ao perceber a não valorização do bem, retira-o e o repassa a quem dele possa fazer bom uso. É a Lei de Causa e Efeito.

Quando, em uma existência, erramos, por exemplo, no âmbito familiar, cometendo abortos, traindo parceiros, agindo de maneira irresponsável na condução da família ou maltratando os filhos, podemos em uma próxima ser privados do talento "família". Na ausência, aprenderemos a valorizar o que no ontem não soubemos.

Precisaremos das dores das reencarnações expiatórias para despertarmos e aprendermos, retornando ao caminho reto e adquirindo a condição de bom servo. É o significado de *trevas exteriores, do pranto e do ranger de dentes.*

Um dia seremos todos bons servos, mas depende de cada um acelerar ou retardar a chegada desse dia. Agradeçamos pelos talentos recebidos e nos esforcemos para aperfeiçoá-los, para que sejam úteis na expansão do Reino de Deus na Terra.

32. Como entender a Parábola da Separação das Ovelhas e dos Bodes?

Quando o Filho do homem vier em sua glória, com todos os anjos, assentar-se-á em seu trono na glória celestial. Todas as nações serão reunidas diante dele, e ele separará umas das outras como o pastor separa as ovelhas dos bodes.

E colocará as ovelhas à sua direita e os bodes à sua esquerda.

"Então o Rei dirá aos que estiverem à sua direita: 'Venham, benditos de meu Pai! Recebam como herança o Reino que lhes foi preparado desde a criação do mundo. Pois eu tive fome, e vocês me deram de comer; tive sede, e vocês me deram de beber; fui estrangeiro, e vocês me acolheram; necessitei de roupas, e vocês me vestiram; estive enfermo, e vocês cuidaram de mim; estive preso, e vocês me visitaram'. "Então os justos lhe responderão: 'Senhor, quando te vimos com fome e te demos de comer, ou com sede e te demos de beber? Quando te vimos como estrangeiro e te acolhemos, ou necessitado de roupas e te vestimos? Quando te vimos enfermo ou preso e fomos te visitar?'

"O Rei responderá: 'Digo-lhes a verdade: o que vocês fizeram a algum dos meus menores irmãos, a mim o fizeram'. "Então ele dirá aos que estiverem à sua esquerda: 'Malditos, apartem-se de mim para o fogo eterno, preparado para o diabo e os seus anjos. Pois eu tive fome, e vocês não me deram de comer; tive sede, e nada me deram para beber; fui estrangeiro, e vocês não me acolheram; necessitei de roupas, e vocês não me vestiram; estive enfermo e preso, e vocês não me visitaram'. "Eles também responderão: 'Senhor, quando te vimos com fome ou com sede ou estrangeiro ou necessitado de roupas ou enfermo ou preso, e não te ajudamos?' "Ele responderá: 'Digo-lhes a verdade: o que vocês deixaram de fazer a alguns destes mais pequeninos,

também a mim deixaram de fazê-lo'. "E estes irão para o castigo eterno, mas os justos para a vida eterna.[194]

Esta é uma das mais longas e significativas narrativas do Cristo. Conhecida também como a Parábola do Juízo, nela vemos uma simbologia para a Justiça de Deus e para a forma como ela se processa, qual o critério a ser adotado por Deus. É a parábola que auxilia os imperfeitos, estimulando o amor e a caridade entre os seres humanos.

Jesus inicia a parábola falando da *vinda do Filho do homem em sua glória, acompanhado de seus anjos,* momento em que se assentará em seu trono, na glória celestial, e todas as nações ali serão reunidas diante d'Ele.

Tal menção é uma simbologia clara ao momento em que todos seremos chamados a prestar contas das ações cometidas, em especial quando o planeta precisa ascender na escala dos mundos, como ocorre atualmente com a Terra.

A ideia de um juízo único e definitivo, defendido por várias religiões cristãs, não se ajusta com a bondade infinita de Deus. O Mestre apresentou ao homem um Pai misericordioso e bom, que deixa sempre aberta aos seus filhos a porta do arrependimento.

A terminologia "juízo final", apesar de muito utilizada, não é apropriada. Em virtude da pluralidade das existências e dos mundos habitados, sabemos que, após cada reencarnação, os Espíritos passam por processos de análise de suas boas ou más condutas, até alcançarem a perfeição relativa.

Não há, *"propriamente dizendo, um julgamento final, mas há julgamentos gerais em todas as épocas de renovação parcial e total da população dos mundos"*[195], quando se

194 BÍBLIA ONLINE. *Mateus 25:31-46*. Disponível em: https://www.bibliaonline.com.br/. Acesso em: 13/09/2023.

195 KARDEC, Allan. *A Gênese*. 1. ed. Capivari: Editora EME. 2020. Capítulo 17. Predições do Evangelho. Item 67. p. 266.

observa maior fluxo de migrações de Espíritos. E é a isso que a parábola em estudo se refere.

Jesus compara os justos e os injustos a *ovelhas* e *bodes*, respectivamente. Precisando sair da condição de mundo de provas e expiações para o mundo de regeneração, a Terra passará por uma separação entre os bons e os maus, seleção que deverá ocorrer naturalmente, sendo tal fato representado por Jesus com a separação das ovelhas e dos bodes.

É comum, em muitos rebanhos, as ovelhas ficarem junto aos bodes, em um mesmo espaço, exatamente como consta do texto bíblico. Ao final do dia, com o chamamento do pastor, há a separação de ambos, seguindo as ovelhas obedientemente com o pastor, mas restando os bodes, que o ignoram.

Os justos são comparados às ovelhas, e os ímpios aos bodes, porque as ovelhas valem mais que os bodes, a produção de sua lã rende maiores recursos financeiros.

A lã branca das ovelhas significa pureza e justiça, já a pelagem manchada dos bodes pode ser entendida como impureza ou mal. As ovelhas são mansas e obedientes ao pastor, já os bodes têm comportamento desobediente e destrutivo.

É pertinente constar no texto que *todas as nações ali serão reunidas*, demonstrando que ninguém escapa à Justiça Divina, estando todos a ela submetidos. Jesus é a representação de Deus na Terra; o Cristo é o Governador do nosso Planeta, com autoridade moral para promover essa separação, como o *pastor* separa as ovelhas dos bodes.

Com o auxílio de seus *anjos* – Espíritos puros que trabalham para o Mestre e cumprem Suas ordens –, Jesus realizará tal separação.

Cristo, ao afirmar que as ovelhas ficarão à *direita* e os bodes à *esquerda*, demonstrou que não existirá confusão entre ambos, a separação será clara e evidente, ficando cada um em lados opostos. Não existirá meio-termo e ninguém ficará neutro. Quem não faz o bem acaba, pela omissão, praticando o mal, como afirma Jesus em referência às ações não realizadas pelos ímpios.

O fato de os bodes e as ovelhas ficarem juntos durante o dia demonstra que todos têm as mesmas oportunidades de crescimento e de evolução espiritual, mas que nem sempre são devidamente aproveitadas.

Por isso, abordando acerca da conduta das ovelhas e dos bodes, dos justos e dos injustos, o Mestre traz *seis exemplos* em que os primeiros agiram com piedade e *outros seis* em que os segundos tiveram conduta desprezível. Frederico Guilherme da Costa Kremer, ao comentar que a misericórdia é o critério do juízo definido por Jesus para a salvação dos homens, elucida:

> Certamente, a criatura não será salva apenas por ostentar uma adesão a uma escola religiosa, por acreditar nas suas verdades, atender aos seus rituais ou frequentar suas reuniões e atividades. Evidente que são fatores importantes e necessários mas não são suficientes para garantir a salvação.[196]

Prestando atenção aos exemplos dados, observamos que nenhum resulta em realização significativa. Eram ações pequenas, cotidianas e aparentemente sem grande importância, mas que não deixaram de ser observadas por Jesus. Ele fica atento ao cumprimento dos seus ensinos, razão pela qual tanto as boas quanto as más ações não passam despercebidas.

Os justos agiram de forma legítima, despretensiosa e sem objetivar reconhecimento material. Eles nem mesmo

---

196 KREMER, Frederico Guilherme da Costa. *Jesus de Nazaré: uma narrativa da vida e das parábolas*. 1. ed. Brasília: FEB, 2016. Capítulo 43. A parábola do juízo. p. 307.

sabiam a que Jesus se referia, pois sequer lembravam dos próprios feitos. Foram humildes, verdadeiros e diligentes nas pequenas ações do dia. Por isso mereceram a *vida eterna.*

Os injustos, por sua vez, também nas pequenas coisas da vida, demonstraram sua pequenez espiritual. Vemos a ênfase dada por Jesus aos atos omissivos. Nenhum dos exemplos citados decorria de uma ação no mal, mas de uma omissão, da negligência em vivenciar a mensagem do Cristo perante o mundo.

Por isso consta na parábola que esses irão para o *castigo eterno,* momento em que serão exilados para mundos inferiores e terão, na dor, constante companheira. Todavia, mesmo estando esses em condições de sofrimento e de dor, não permanecerão eternamente em sofrimento, pois as penas eternas não existem, são apenas temporárias.

O maior óbice à teoria das penas eternas é que Deus é infinitamente justo e bom, Pai de misericórdia e de amor. Analisando em profundidade Seus atributos Divinos, chegamos à conclusão de que as penas sem fim são contraditórias à ideia que se faça do Criador. Como um Deus de bondade infinita poderia submeter Seus filhos a sofrimentos infinitos? Não haveria bom senso.

Para os que passam por longo sofrimento, esse tempo pode parecer eterno, sem fim, mas sabemos que não é assim. Ora, se a Humanidade perdoa, mesmo sendo imperfeita e repleta de vícios, como Deus não o faria? Mesmo os que forem recambiados para mundos inferiores, um dia evoluirão e serão também Espíritos de Luz.

No passado, pela ideia equivocada que se tinha do Criador, de ser um Deus terrível e impiedoso, bem como pela ignorância em que se achava o homem, atribuindo às divindades suas paixões e tendências inferiores, era compreensível a aceitação da doutrina das penas eternas.

Entretanto, quando Jesus esteve conosco e nos apresentou um Deus completamente diferente, de amor e bondade, não havia mais justificativas para se manter a crença em debate. A maturidade alcançada, com o passar do tempo, mostrou que as virtudes do amor, da caridade, da misericórdia e do perdão são as que, verdadeiramente, correspondem a Deus.

Aspecto de suma relevância no texto bíblico foi o Mestre ter ensinado sobre o valor dos *pequeninos*. Demonstra que todos os seus irmãos são muito importantes para o Reino de Deus, independentemente da condição que tenham perante o mundo.

No auxílio aos menores e aos mais necessitados, Jesus se faz representado. Um favor ou um desfavor feito a esses pequeninos, ainda que possa ser esquecido por aquele que o praticou, não o será pelo Pai.

O homem não pode ter mais dúvidas de que estamos em período de "juízo final", pois a transição planetária é uma realidade. Não percamos mais tempo com o materialismo, as ilusões e os enganos imediatistas. Se não quisermos ser enviados para mundos inferiores, busquemos o amor e a transformação para o bem. Ouçamos a nossa consciência, ela é a voz de Deus.

33. Como entender a Parábola da Semente Germinando Secretamente ou do Camponês Paciente?

Dizia também: O Reino de Deus é como um homem que lança a semente à terra. Dorme, levanta-se, de noite e de dia, e a semente brota e cresce, sem ele o perceber. Pois a terra por si mesma produz, primeiro a planta, depois a espiga e, por último, o grão abundante na espiga. Quando o fruto amadurece, ele mete-lhe a foice, porque é chegada a colheita.[197]

Essa parábola, também conhecida como Parábola do Camponês Paciente, fala da Soberania Divina, estando Deus sempre no controle. Aborda a Lei do Progresso que rege todo o Universo. Por ela todo Espírito, mesmo criado simples e ignorante, tem sua trajetória definida e a ela está vinculada, sem chance de retrocesso.

Por isso o coração do homem é preparado, ao longo do tempo e das inúmeras experiências reencarnatórias, para, no momento certo, dar os frutos do Evangelho.

No texto Jesus compara o Reino de Deus a um homem que lança a semente à terra. Utilizando novamente elementos da vida cotidiana do povo, o Mestre facilita que entendam a mensagem evangélica.

Os que O ouviam iam construindo em suas mentes as palavras e imagens pronunciadas. A partir das figuras que projetava em suas mentes, Jesus conseguia transmitir uma série de informações implícitas, as quais até hoje nem sempre são bem compreendidas.

O *Reino de Deus*, sendo uma condição íntima de harmonia, felicidade e paz, não será alcançado sem o esforço do homem, mesmo que se encontre amparado e secundado pela atuação do Criador. Deus nos estimula e nos dá os recursos, mas a evolução é individual, resultado das conquistas de cada um. Elucida Frederico Guilherme da Costa Kremer:

> Ora, sendo o Reino de Deus uma construção interior, um processo longo e difícil, O Mestre se utilizou ainda da imagem do semeador, na figura do camponês que espera a colheita, exortando as criatu-

197 BÍBLIA ONLINE. *Marcos 4:26-29*. Disponível em: https://www.bibliaonline.com.br/. Acesso em: 13/09/2023.

ras para que tivessem paciência e, principalmente, confiança na construção do Reino.[198]

Jesus deixa muito claro que simples posturas externas e ritualísticas, sem ligação direta com o nosso coração, não oportunizam a ninguém a entrada no Reino de Deus. O Espiritismo traz uma nova ideia de salvação. É algo que não depende exclusivamente de Deus, mas da união nossa com o Pai. Fazendo a nossa parte, o Pai, com certeza, fará a d'Ele.

O Reino está sendo construido em nós. Jesus nos trouxe material, a semente, e nós estamos cultivando esse campo onde fomos chamados a operar, o campo onde estamos mais próximos, como a família, por exemplo. A Terra é o lar em que estamos juntos com corações afins ou não e, unidos, vamos estimulando uns aos outros à construção desse reino.

O *homem* da parábola não é Jesus, mas o Espírito em sua trajetória evolutiva. Através do tempo, fará com que a semente divina germine, cresça e frutifique em seu íntimo. Lembremos que o Espírito traz, desde a sua criação, as potencialidades divinas dentro de si, as quais irão aos poucos se manifestar.

A *semente* é a palavra de Jesus, que nos dará os frutos da vida eterna. Cresceu, desenvolveu-se e se fortaleceu, conseguindo introduzir nos corações do homem os frutos viçosos que nos alimentam a vida.

A semente é pequena, mas tem um potencial gigantesco, mostrando-nos a importância dos pequenos gestos, seja uma palavra, um abraço ou outra ação pequenina,

198 KREMER, Frederico Guilherme da Costa. *Jesus de Nazaré: uma narrativa da vida e das parábolas.* 1. ed. Brasília: FEB, 2016. Capítulo 11. As parábolas da Lâmpada e do camponês paciente. p. 129.

mas que favorece o crescimento do Evangelho em nosso coração. Ensina Cairbar Schutel:

> É assim a semente da Parábola, que tem passado por todos os processos: germinação, crescimento, floração e frutificação, sem que a Revelação deixasse um só instante de vivificá-la com suas benéficas inspirações.[199]

A *terra* somos nós mesmos, a primeira na qual devemos jogar as sementes, por meio do estudo, da reflexão e do entendimento. Jogando sementes na terra dos nossos corações, elas irão ampliar-se e, no tempo da ceifa, estarão suficientemente crescidas para serem colhidas e multiplicadas.

O *dormir* e o *levantar, de noite e de dia* demonstram o passar do tempo. O crescimento da semente do Evangelho demanda tempo e constância, não brota de modo instantâneo. Ela precisará passar por muitas fases sucessivas até chegar à maturidade. Somos como a semente, crescendo e vivenciando inúmeras experiências nesse processo de germinação da alma para Deus.

O *dia* representa os momentos de calmaria, de claridade, sem que nos afastemos das nossas buscas. É necessário não nos deixarmos embalar pelas euforias do mundo, pois, quando tudo está bem, não raro o homem afasta-se do bom caminho.

A *noite* é uma simbologia para os momentos difíceis, quando devemos manter o esforço, a luta e a perseverança. Este é o cenário de construção desse reino, feito de momentos bons e outros desafiadores. É laborando dia a dia

---

199 SCHUTEL, Cairbar. *Parábolas e ensinos de Jesus*. 20. ed. Matão: O clarim, 2000. Item: Parábola da Semente, p. 83.

que conseguiremos trazer a Espiritualidade para o nosso Espírito.

Quando ouvimos a palavra *dormir* normalmente pensamos em descanso e, pelo aspecto espiritual, alguém que não despertou. Entretanto, aqui Jesus traz uma conotação diferente, mostrando que, mesmo durante o sono, podemos continuar a construir esse reino.

Quando o corpo repousa, o trabalho não cessa, pois, em desdobramento, seguimos atuando na erraticidade. O Espírito consciente sabe aproveitar e valorizar a hora do sono. Sabe dormir para o bem. A atuação de Deus é constante e assim também deve ser a nossa.

O *levantar* representa estar de pé, pronto para o trabalho, sem ociosidade, preguiça ou dúvidas. Quem se levanta demonstra ânimo para o processo de transformação da semente em si mesmo.

O termo *sem ele o perceber* evidencia que a mudança à luz do Evangelho é algo sutil. Não sabemos bem como acontece enquanto estamos no processo, e parece mesmo que, durante a caminhada, não conseguimos abarcar o crescimento. Fica mais fácil, porém, ver o quanto mudamos quando olhamos para trás.

Há cinco ou dez anos, não éramos como agora. Melhoramos e crescemos. É nesses momentos que conseguimos perceber a transformação dada em nosso ser. Assevera Cairbar Schutel:

> A força secreta que produz todas as transformações psíquicas. E de onde vem essa força, esse poder? De Deus! E, embora os homens descurem seus deveres, assim como a semente se transforma em árvore, a semente do Reino de Deus se transforma

> em Reino de Deus pela força do progresso incoercível que domina todas as coisas![200]

O homem até tenta imitar Deus, produzindo a vida, mas não consegue. Tudo o que podemos fazer é confiar. Não sabemos como explicar a germinação, o crescimento e a frutificação no coração do homem. Esse conhecimento pertence a Deus, que nos prepara para o momento da colheita. Deus é quem faz crescer, Ele é soberano.

É esse o significado do silêncio da semente. Não conseguimos perceber bem nem sabemos como se dá, mas sua existência e seu desenvolvimento são incontestáveis. Assim acontece conosco, o Cristo transforma-nos em silêncio, Ele vai nos cultivando e nos impulsionando para a frente. Aos poucos, mesmo com todas as nossas imperfeições, faz o amor crescer em nossos corações.

A *terra por si mesma produz*, de forma autônoma. Não precisamos dizer à terra que frutifique, assim como não precisamos dizer à Lei Divina o que fazer. A terra expressa a Lei Divina, que é perfeita, sábia e justa, e dá a cada um conforme semeou. Ninguém consegue mudar a Lei Divina, que opera de forma autônoma, incansável e perfeita. Ela é indefectível. É o que ensina Rodolfo Calligaris:

> Impelida por uma força inteligente, que escapa à compreensão humana, o germe se transforma em plântula; esta, ao mesmo tempo que deita raízes, organiza a haste com que fende a terra e vem saudar a luz. [...] A mesma força que determina os fenômenos da germinação, desenvolvimento e frutificação das plantas, fará, também, que o "reino de Deus" se instale na Terra, pelo triunfo do Evangelho.[201]

---

200 SCHUTEL, Cairbar. *Parábolas e ensinos de Jesus*. 20. ed. Matão: O clarim, 2000. Item: Parábola da Semente, p. 83.

201 CALLIGARIS, Rodolfo. *Parábolas Evangélicas*. Brasília: FEB, 2011. Parábola da Semente. p. 51.

Jesus, ao lembrar que a terra produz *primeiro a planta, depois a espiga e, por último, o grão abundante na espiga*, traz a ideia de gradação, pois assim é a natureza. Há um tempo propício para cada coisa, na vida e na dinâmica da natureza.

Com essa gradação, todos nós precisamos aprender a conviver. Não adianta começarmos a semear em nós certa virtude e esperarmos que no dia seguinte ela já se mostre plena e frutificada, pronta para a ceifa.

São as pequenas vitórias diárias, alcançadas com paciência e persistência. Essa construção do Evangelho não virá em um passe de mágica. A necessidade de esperarmos existe, e precisamos ter essa consciência. Enquanto esperamos, também agimos. É a obstinação pacífica para atingirmos, no tempo certo, o fruto.

Sem essa compreensão teremos as expectativas frustradas, as nossas e as dos outros também, que muito esperam de nós, cobrando atitudes que ainda não conseguimos assumir.

Ainda somos um ramo, mas a cobrança é que já sejamos uma espiga, o grão cheio, como se fôssemos um discípulo experiente. Não podemos desanimar e devemos saber conviver com isso. Como não podemos enganar o tempo, compreendamos o espírito de sequência.

É relevante observar que, enquanto agimos igual a todo mundo, segundo os valores do mundo, as pessoas não se preocupam conosco. Todavia, basta um fio de luz e de fé nascer em nossos corações, para passarmos a ter os passos examinados e analisados. Nossa vida começa a ser objeto de curiosidade, com cobranças e vigilância.

Quando o fruto amadurece, ele mete-lhe a foice, porque é chegada a colheita. A *foice* lembra o cortar, o ferir para extrair os frutos, que estão prontos para ser ofertados aos outros. Eles não serão guardados, servirão para aliviar a fome de quem necessita.

É um convite para todos nós. Quando nossa alma estiver madura e houver frutificado no amor divino, a foice virá para que esses frutos benditos sejam colhidos e ofertados ao nosso próximo. Frutificar para os outros e para outras terras.

É chegado o momento do testemunho, de colhermos em nós o fruto dessa germinação, oferecendo o fruto da compaixão, do perdão, da paciência e do amor. É dar para a vida o resultado de tanto tempo de investimento, de esforço e de cultivo dessa sementinha divina em nosso coração.

34. Como entender a Parábola do Bom-Pastor?

Eu asseguro a vocês que aquele que não entra no aprisco das ovelhas pela porta, mas sobe por outro lugar, é ladrão e assaltante. Aquele que entra pela porta é o pastor das ovelhas. O porteiro abre-lhe a porta, e as ovelhas ouvem a sua voz. Ele chama as suas ovelhas pelo nome e as leva para fora. Depois de conduzir para fora todas as suas ovelhas, vai adiante delas, e estas o seguem, porque conhecem a sua voz. Mas nunca seguirão um estranho; na verdade, fugirão dele, porque não reconhecem a voz de estranhos. Jesus usou essa comparação, mas eles não compreenderam o que lhes estava falando. Então Jesus afirmou de novo: Digo a verdade: Eu sou a porta das ovelhas. Todos os que vieram antes de mim eram ladrões e assaltantes, mas as ovelhas não os ouviram. Eu sou a porta; quem entra por mim será salvo. Entrará e sairá, e encontrará pastagem. O ladrão vem apenas para roubar, matar e destruir; eu vim para que tenham vida e a tenham plenamente. "Eu sou o bom pastor. O bom pastor dá a sua vida pelas ovelhas. O assalariado não é o pastor a quem as ovelhas pertencem. Assim, quando vê que o lobo vem, abandona as ovelhas e foge. Então o lobo ataca o rebanho e o dispersa. Ele foge porque é assalariado e não se importa com as ovelhas. Eu sou o bom pastor; conheço as minhas ovelhas, e elas me conhecem, assim como o Pai me conhece e eu conheço o Pai; e dou a minha vida pelas ovelhas. Tenho outras ovelhas que não são deste aprisco. É necessário que eu as conduza também. Elas ouvirão a minha voz, e haverá um só rebanho e um só pastor.[202]

Nessa parábola Jesus ensina o motivo pelo qual alguns o seguem e outros não, fazendo-nos compreender que não estão todos na mesma condição intelectual e moral. Com isso, não é possível esperarmos a vivência do Evangelho de quem ainda não está pronto para o despertar espiritual.

O Mestre explica que Ele é o pastor da Humanidade e que será por seu intermédio que alcançaremos a nossa espiritualização. Ele é a porta que nos conduz até Deus. Durante a nossa caminhada evolutiva, somos defrontados com diversas portas e precisamos usar bem o livre-arbítrio para abrirmos a porta correta.

Nos textos bíblicos, a palavra *pastor*, usualmente conhecida para designar as pessoas que cuidam de um rebanho, em especial de ovelhas, tem diferentes significados. Em alguns momentos, pode designar o representante de uma igreja, um governante espiritual de um povo, nação ou Humanidade, bem como pode representar Deus.

As *ovelhas* retratam todos os que estão sintonizados com o bem e praticam a Lei de Justiça, Amor e Caridade. São os que reconhecem a voz do pastor.

202 BÍBLIA ONLINE. *João 10:1-16*. Disponível em: https://www.bibliaonline.com.br/. Acesso em: 13/09/2023.

A narrativa foi proferida por Jesus durante a festa dos Tabernáculos ou das Cabanas, oportunidade em que comemoravam o tempo em que os hebreus viviam em tendas, durante os quarenta anos após o êxodo do Egito.

No último dia da festa, em um sábado, Jesus cura um cego na piscina ou tanque de Siloé. O beneficiado, mesmo pressionado pelos sacerdotes para dizer quem o havia curado em um dia proibido e reservado ao descanso, agiu com coragem e deu testemunho do auxílio recebido, dizendo que era cego e agora via. Os sacerdotes ficaram irritados e o expulsaram do templo.

Jesus, sabendo do ocorrido, foi falar com ele e afirmou ter vindo ao mundo para fazer um julgamento, de modo que os cegos voltassem a ver e que os que enxergavam tornassem-se cegos.

Havia alguns fariseus ouvindo as palavras do Mestre e lhe perguntaram se seriam eles cegos também, oportunidade em que Jesus assevera *"se fôsseis cegos, não teríeis pecado; mas como agora dizeis: Vemos; por isso o vosso pecado permanece"*[203]. Após proferir essas palavras, conta a Parábola do Bom-Pastor.

O discurso do Mestre, portanto, tem íntima relação com a expulsão, no templo, do cego curado no tanque de Siloé pelos fariseus. Por isso iniciou a parábola dizendo *aquele que não entra no aprisco das ovelhas pela porta, mas sobe por outro lugar, é ladrão e assaltante,* em clara referência aos fariseus e a todos os que com eles se assemelham.

Os fariseus desejavam ser pastores, os guias espirituais dos judeus, mas agiam como ladrões e assaltantes, não praticando a verdadeira caridade e, muito menos, condu-

---

203 BÍBLIA ONLINE. *João 9:41*. Disponível em: https://www.bibliaonline.com.br/. Acesso em: 13/09/2023.

zindo os fiéis a Deus. Em verdade, furtavam a fé do povo com rituais e práticas exteriores.

Como é sabido, o Cristo, normalmente, utilizava-se de elementos do cotidiano para ensinar, facilitando o entendimento dos ouvintes. Segundo os costumes da época, e com a escassez de água, vários pastores formavam um tipo de sociedade e construíam um aprisco (curral) comum, onde todos os rebanhos eram recolhidos à noitinha.

O aprisco era cercado por um muro baixo de pedras e, sobre o muro, eram colocados feixes de espinhos apoiados em pedras maiores. Caso os animais ou os ladrões subissem no muro, as pedras cairiam e acordariam o pastor em vigília, chamado de *porta* ou *porteiro*.

Na frase *digo a verdade: Eu sou a porta das ovelhas*, Jesus compara-se à porta do aprisco. É o pastor em guarda, que vigia o rebanho e o protege. Quem entrar por essa porta, por Ele, será salvo. *Entrará e sairá, encontrando pastagem,* o alimento para a alma e a vida.

O Mestre é o que dá vida e acesso ao alimento espiritual. É o proprietário dos mais verdes campos, para as melhores pastagens; oferta em abundância o alimento para nossos Espíritos famintos, dando-nos a vida eterna. Por isso disse *eu vim para que tenham vida e a tenham plenamente. Eu sou o bom pastor. O bom pastor dá a sua vida pelas ovelhas.*

Pela manhã os pastores buscavam suas ovelhas e as conduziam aos variados pastos. Dar *nome às ovelhas* era uma prática usual e, mesmo havendo em um curral ovelhas de vários rebanhos, elas atendiam somente à *voz do seu pastor, que ia adiante delas.* O bom-pastor enfrentava as feras e os ladrões, colocava sua vida em risco pelo bem das ovelhas.

Com a analogia de dar nome às ovelhas, Jesus demonstra que conhece cada um de nós profundamente, estejamos onde estivermos. Ensina que enfrentará todos os perigos para nos manter em segurança. Preocupa-se conosco, está em vigília eterna e pronto para dar a sua vida para defender cada uma de suas ovelhas, se for necessário.

Jamais ficaremos desamparados, pois Jesus sairá à nossa procura e só descansará quando nos encontrar e nos colocar a salvo. Dar a vida, característica do bom-pastor, significa comprometer-se sempre na tarefa de proteção aos que ama, durante toda a existência.

Dar a vida pelas ovelhas em sua postura cotidiana. O compromisso educativo é assumido para a vida inteira, havendo o mínimo de coerência entre a tarefa assumida e as ações da vida. Quem se coloca na condição de um bom-pastor reflete constantemente os ideais assumidos, apresentando coerência entre o falar e o fazer.

Nas palavras *sou o bom pastor; conheço as minhas ovelhas, e elas me conhecem, assim como o Pai me conhece e eu conheço o Pai; e dou a minha vida pelas ovelhas*, Jesus nos mostra outra característica do bom-pastor, o conhecer as ovelhas e ser por elas conhecido.

O conhecer e o ser conhecido é uma forma de expressar o estreitamento de laços, o afeto e a proximidade. É quando se abre um canal entre os dois corações envolvidos, a ovelha e o pastor, o educando e o educador. O primeiro se abre para ser transformado pelo segundo, e este se abre para auxiliar na transformação daquele.

Além disso, o bom-pastor é conhecido pelo Pai e por Ele é conhecido. Se é preciso intimidade com a ovelha, é preciso muito mais com o grande Pastor, porque somente

Ele sabe as necessidades de cada um. Sem a inspiração d'Ele, todas as nossas ações serão sempre muito pobres.

É preciso, desse modo, estreitarmos os nossos laços com o Criador e isso se dará por meio do amor, pois quem ama conhece a Deus e O tem dentro de si. Investindo em nossa relação com o Divino, poderemos, um dia, ostentar como Jesus a condição de Bom-Pastor.

Quando realmente formos as ovelhas de Jesus, iremos segui-lo sempre, vivenciando a Boa-Nova, pois reconheceremos sua voz e não o confundiremos com a voz dos mercenários. Lembra Cairbar Schutel:

> No caminho palmilhado pelo Cristo, brilham as verdades precursoras do destino; Ele é a Luz que clareia aos homens o roteiro da perfeição; nele está a Vida de todas as grandes almas; Ele é o caminho, a Verdade e a Vida; Ele nos guia para o destino e o destino é a Vida Eterna, onde reinam as mais perenes felicidades.[204]

Haverá real comunhão entre Jesus e toda a Humanidade. Nesse momento *nunca seguiremos um estranho; na verdade, fugiremos dele, porque não reconheceremos a voz de estranhos.*

Lembremos que há muitos falsos Cristos, interessados só naquilo que podemos ofertar, sem se preocuparem de verdade conosco. Se precisarem tirar a vida das ovelhas para a satisfação de seus próprios interesses, assim o farão.

Jesus, o Bom-Pastor, concede-nos a vida em abundância. No texto *o ladrão vem apenas para roubar, matar e destruir; eu vim para que tenham vida e a tenham plenamente*, tal ideia fica claramente demonstrada.

---

204 SCHUTEL, Cairbar. *Parábolas e ensinos de Jesus*. 20. ed. Matão: O clarim, 2000. Item: Vida e Destino, p. 359.

Assim como o ladrão, o *assalariado* cuida das ovelhas de outro e não corre riscos, *abandonando-as ao ver o lobo. Com elas não se importa.* Somente o pastor, o verdadeiro dono, cuida das ovelhas com empenho e amor.

Ao afirmar que há *outras ovelhas que não são deste aprisco. É necessário que eu as conduza também,* Jesus profetiza sobre o crescimento do seu rebanho e da sua palavra no mundo. Havia muita diversidade religiosa à época, muitos povos politeístas e, embora atualmente não haja tantos, a mensagem cristã não é crença universal.

Ainda hoje há muitos que não ouvem a sua voz nem seguem seus ensinamentos, mas o dia virá em que todos *ouvirão a sua voz, e haverá um só rebanho e um só pastor.* A profecia, portanto, aplicava-se tanto à sociedade da época do Cristo como à da atualidade.

> Quando todos os homens se convencerem de que Deus é o mesmo para todos, que esse Deus, soberanamente justo e bom, nada pode desejar de injusto, que o mal vem dos homens e não d'Ele, passarão a olharem-se como filhos de um mesmo Pai e se estenderão as mãos mutuamente. É essa a fé que dá o espiritismo e que será, de agora em diante, o eixo sobre o qual se moverá o gênero humano, quaisquer que sejam suas formas de adoração e suas crenças particulares, que o espiritismo respeita, mas das quais não tem que se ocupar.[205]

Nesse dia, quando a Terra for um mundo regenerado e habitado por Espíritos mais espiritualizados, o Evangelho será ensinado e vivido em todos os lugares. Mesmo existindo várias religiões, todas estarão unidas pelos laços

---

205 KARDEC, Allan. *A Gênese*. 1. ed. Capivari: Editora EME. 2020. Capítulo 18. Os tempos são chegados. Item 15. p. 273

da fraternidade e pela crença em princípios espirituais universais.

Haverá, então, um único rebanho, composto por pessoas que estarão em sintonia de sentimentos e vibrações. Todos direcionados por Jesus, o Bom-Pastor enviado por Deus como Guia e Modelo da Humanidade.

35. Como entender a Parábola da Videira e dos Ramos?

Eu sou a videira verdadeira, o meu Pai é o agricultor. Todo ramo que, estando em mim, não dá fruto, ele corta; e todo que dá fruto ele poda, para que dê mais fruto ainda. Vocês já estão limpos, pela palavra que tenho falado. Permaneçam em mim, e eu permanecerei em vocês. Nenhum ramo pode dar fruto por si mesmo se não permanecer na videira. Vocês também não podem dar fruto se não permanecerem em mim. "Eu sou a videira; vocês são os ramos. Se alguém permanecer em mim e eu nele, esse dará muito fruto; pois sem mim vocês não podem fazer coisa alguma. Se alguém não permanecer em mim, será como o ramo que é jogado fora e seca. Tais ramos são apanhados, lançados ao fogo e queimados.[206]

Jesus, na parábola, destaca o nosso relacionamento com o Criador. Auxilia-nos a compreender como podemos estreitar os laços de comunhão e atendermos ao verdadeiro propósito da nossa existência, que é expressarmos Deus em nosso interior.

Cristo ensina que através d'Ele aprofundaremos essa relação com o Pai. Sendo Ele a fonte da vida, proporciona aos homens a seiva que lhes permitirá dar mais frutos e alimentar a todos os seres.

206 BÍBLIA ONLINE. *João 15:1-6*. Disponível em: https://www.bibliaonline.com.br/. Acesso em: 13/09/2023.

Demonstra ainda a narrativa sobre a soberania divina e a responsabilidade humana. A primeira é expressa na frase *pois sem mim vocês não podem fazer coisa alguma,* e a segunda na frase *se alguém permanecer em mim.*

A parábola foi contada na noite da Última Ceia, em que Jesus foi traído pelo apóstolo Judas Iscariotes e incriminado pelos judeus sacerdotes e pelos fariseus, mais precisamente quando estava a caminho do Monte das Oliveiras.

O apóstolo Judas esteve muito perto de Jesus e desfrutou de relação próxima com Ele. Foi instruído sobre as verdades do Evangelho, presenciou e participou de feitos maravilhosos que comprovaram que Jesus era o Messias e o filho de Deus, mas ainda assim o traiu.

O Mestre, muito provavelmente, escolheu esse momento final para alertar os apóstolos acerca da diferença entre os que o conheciam e praticavam suas palavras, daqueles que não o faziam. Trouxe a relevante advertência acerca da necessidade de permanecerem n'Ele.

Aparentemente, tanto Judas quanto os demais apóstolos eram ramos que estavam na Videira Verdadeira, mas Jesus conhecia bem a diferença entre eles, entre os dois tipos de ramos da sua Videira. Essa diferença é trazida na parábola como os ramos que dão frutos e os que não dão, bem como na expressão *permanecer nele.*

Jesus compara-se a uma *videira*, planta que dá a uva, ao dizer *eu sou a videira verdadeira.* A expressão *eu sou* denota todo o sentido dessa parábola e, embora nem sempre sua importância seja percebida, possibilita o entendimento profundo da narrativa evangélica.

A expressão *eu sou* é recorrente no Evangelho de João, tendo sido também empregada por Jesus quando afirmou

"Eu sou o pão da vida"[207], *"Eu sou a luz do mundo"*[208], *"Eu sou a porta"*[209], *"Eu sou o bom pastor"*[210], *"Eu sou a ressurreição e a vida"*[211] e *"Eu sou o caminho, a verdade e a vida"*[212]. Jesus, ao utilizá-la, demonstrava ser a representação viva de Deus na Terra.

Isso porque a expressão *eu sou*, para o povo judeu, representava a figura do próprio Criador. Foi com essas palavras que Deus se revelou a Moisés no Monte Sinai.

Ao ser questionado pelo legislador hebreu sobre qual nome daria aos filhos de Israel, quando disse que o Deus de seus pais o enviara, a resposta foi "EU SOU O QUE SOU". Disse mais: Assim dirás aos filhos de Israel: "EU SOU me enviou a vós".[213]

Como podemos observar, a expressão tinha tão grande significado que não era adequado um judeu, àquele tempo, dela se utilizar. Jesus causa assombro ao fazê-lo, tendo o fato, inclusive, sido um dos motivos para a sua condenação, quando alegaram que Ele estava se dizendo semelhante a Deus.

Jesus, todavia, utilizou tal frase porque tinha algo muito relevante a falar acerca de si mesmo, da sua natureza e da sua missão. Desejava fazer uma conexão com

207 BÍBLIA ONLINE. *João 6:35*. Disponível em: https://www.bibliaonline.com.br/. Acesso em: 13/09/2023.

208 BÍBLIA ONLINE. *João 8:12*. Disponível em: https://www.bibliaonline.com.br/. Acesso em: 13/09/2023.

209 BÍBLIA ONLINE. *João 10:9*. Disponível em: https://www.bibliaonline.com.br/. Acesso em: 13/09/2023.

210 BÍBLIA ONLINE. *João 10:11*. Disponível em: https://www.bibliaonline.com.br/. Acesso em: 13/09/2023.

211 BÍBLIA ONLINE. *João 11:25*. Disponível em: https://www.bibliaonline.com.br/. Acesso em: 13/09/2023.

212 BÍBLIA ONLINE. *João 14:6*. Disponível em: https://www.bibliaonline.com.br/. Acesso em: 13/09/2023.

213 BÍBLIA ONLINE. Êxodo 3:13-14. Disponível em: https://www.bibliaonline.com.br/. Acesso em: 13/09/2023.

a passagem de Moisés, no Antigo Testamento, mas para trazer-lhe um novo sentido.

No passado Moisés havia iniciado uma tarefa em nome do Criador. Jesus, ao usar o termo *eu sou*, demonstrava ter vindo dar continuidade àquela missão, como enviado de Deus. O processo é contínuo. Moisés teve como objetivo promover a libertação material do povo hebreu, enquanto Jesus veio trazer a libertação espiritual de toda a Humanidade.

Além disso, ao usar *eu sou*, Jesus falava da sua ligação com Deus. Não estava ao Pai se fazendo igual, mas expressando perfeita e profunda comunhão. O Cristo, sendo o intermediário de Deus na Terra, ao dizer *eu sou a Videira Verdadeira*, ensinava sobre a sua tarefa no mundo e sobre a sua relação com o Criador.

A videira tinha grande simbolismo à época, principalmente para o povo de Israel, que foi por diversas vezes representado por uma videira no Antigo Testamento[214]. A nação israelita seria como uma videira plantada carinhosamente por Deus nos declives das montanhas da Palestina.

Jesus, ao afirmar *Eu sou a Videira Verdadeira*, promove a diferenciação com o povo de Israel, videira que falhou e não deu os frutos esperados por Deus. Já o Mestre cumpriu perfeitamente a sua missão, sendo, portanto, irretocável o seu simbolismo com a videira. Por isso Ele é *a verdadeira*. Assevera o Benfeitor Emmanuel:

> Dentro de nossa pequenez, sucumbiríamos de fome espiritual, estacionados na sombra da ignorância, não fosse essa videira da verdade e do amor que o Supremo Senhor nos concedeu em Jesus Cristo. De sua seiva divina procedem todas as nossas realiza-

---

214 BÍBLIA ONLINE. *Salmos 80:8-16; Jeremias 2:21*. Disponível em: https://www.bibliaonline.com.br/. Acesso em: 13/09/2023.

> ções elevadas, nos serviços da Terra. Alimentados por essa fonte sublime, compete-nos reconhecer que sem o Cristo as organizações do mundo se perderiam por falta de base.[215]

É pertinente recordar que os Espíritos Superiores da Codificação Espírita usaram o desenho de uma cepa – um pedaço da videira –, no início do texto Prolegômenos de *O Livro dos Espíritos*.

Os Espíritos explicaram que a cepa representa o emblema do trabalho do Criador; nela estão reunidos todos os princípios materiais que melhor podem retratar o corpo e o Espírito.

A cepa simboliza o corpo humano, o licor significa o Espírito e o bago denota a alma ou o Espírito ligado à matéria. Assim como a seiva da uva é obtida pela sua trituração, o homem, apenas pelo seu esforço, adquire conhecimentos e promove a depuração do seu Espírito.[216]

Jesus, então, é a Videira Verdadeira por ser um Espírito puro, já tendo realizado a sua evolução completa. Foi o responsável pela criação do planeta Terra, sob a tutela de Deus e executando a sua vontade, e, nessa condição, aperfeiçoa as almas que precisam aprender, e elas são seus ramos. Jesus, portanto, nos dá a vida e nos nutre.

Ao estudarmos sobre a videira, estamos, de certo modo, pensando mais amiúde em como se processa o trabalho do Criador; em como se dá a sua relação conosco e com o nosso planeta; e como Cristo participa desse processo e tem uma função primordial.

215 XAVIER, Francisco Cândido. *Caminho, verdade e vida*. Pelo Espírito Emmanuel. [s.l]: L. Neilmoris, 2008. Cap. 54. A videira. p. 66.

216 KARDEC, Allan. *O Livro dos Espíritos*. Campos dos Goytacazes/RJ: Editora Letra Espírita, 2022. Prolegômenos. p. 45.

O agricultor representa Deus. São as suas Leis harmônicas que operam as grandes transformações. O lavrador é aquele que cuida da videira e de seus ramos, realizando a *poda* dos ramos que frutificam, a fim de produzirem ainda mais. Jesus se nutre do Pai e, nós, d'Ele, sendo o Cristo o mediador. Sobre o grande lavrador, explica o Autor Espiritual Emmanuel:

> Deus é o Criador Eterno cujos desígnios permanecem insondáveis a nós outros. Pelo seu amor desvelado criam-se todos os seres, por sua sabedoria movem-se os mundos no Ilimitado. [...] Ele é a alma de tudo, a essência do Universo. Permanecemos no campo terrestre, de que Ele é dono e supremo dispensador. No entanto, para que lhe sintamos a presença em nossa compreensão limitada, concedeu-nos Jesus como sua personificação máxima.[217]

O Cristo disse *eu sou a videira e vocês são os ramos.* Ser um ramo significa entrar em contato com Jesus e o seu Evangelho, ter algum nível de relacionamento com Cristo.

Um ramo somente dá frutos se estiver unido à videira que lhe fornece a seiva. Logo, não estamos tratando de duas coisas distintas. A videira não existe sem os ramos e vice-versa. Somos parte de Jesus. *Sem mim vocês não podem fazer coisa alguma.*

Todo ramo que desse fruto seria podado, para dar mais frutos. A poda, mesmo que dolorosa, é importante e purifica a videira. Podemos entender a poda como as diversas situações desafiadoras que vivenciamos, com o fim de nos fortalecer sempre mais.

Nesses momentos trabalhamos a intelectualidade e desenvolvemos aptidões que acreditávamos ser incapazes,

217 XAVIER, Francisco Cândido. *Caminho, verdade e vida.* Pelo Espírito Emmanuel. [s.l]: L. Neilmoris, 2008. Cap. 54. A videira. p. 66.

estando em contínuo processo de aprimoramento e de ascensão espiritual. Os que se deixarem ser trabalhados pela poda verão frutificar em seus corações belos frutos.

Sendo Jesus a videira e nos fornecendo a seiva do Evangelho, precisamos permanecer a Ele unidos, para também produzirmos frutos divinos e alimentarmos, em Seu nome, outros muitos corações.

De outro modo, o agricultor divino *corta os ramos que estando nele não dão frutos.* Esses ficam secos e são lançados ao fogo. Nas videiras alguns ramos podem crescer por baixo de outros, ficando privados da luz solar e dos nutrientes necessários ao seu desenvolvimento. Tornam-se ramos mirrados e improdutivos, alguns precisando ser cortados.

Se a conexão com Jesus for só aparente, como no caso do apóstolo Judas, ficamos enfraquecidos e ressequidos. O Mestre disse: *Nenhum ramo pode dar fruto por si mesmo se não permanecer na videira. Vocês também não podem dar fruto se não permanecerem em mim.*

Segundo a parábola, os ramos podem ser classificados em dois grupos: produtivos e improdutivos. Os primeiros dão frutos e representam os que vivem plenamente a Boa-Nova, em pensamentos, palavras e ações. Seus frutos são muitos, como o amor, o perdão, a compaixão, a mansuetude, dentre outros.

Eles são os discípulos de Jesus e os cristãos genuínos. Possuem relacionamento íntimo e verdadeiro com o Mestre. Quando Cristo disse *vocês já estão limpos, pela palavra que tenho falado, permaneçam em mim, e eu permanecerei em vocês,* conclamava os apóstolos e todos os seus discípulos, ao longo dos tempos, a nunca se afastarem d'Ele, por mais que as situações fossem desafiadoras.

Os apóstolos haviam tido a oportunidade de conhecer Jesus e seus ensinos de perto, recebendo orientações que nem todos estavam em condições de obter. Entretanto, eram também frágeis e imperfeitos, precisando manterem-se unidos ao Cristo, a Verdadeira Videira.

Assim somos nós, a Humanidade terrena. Afastados de Jesus, somos ramos improdutivos, sem frutos. Seremos como as pessoas que tão somente professam fé aparente, possuindo relacionamento externo e superficial com Cristo. Dizem segui-lo, mas d'Ele estão distantes, sendo incapazes de praticar o bem, o amor e a caridade quando têm oportunidade.

São esses os ramos que perdem a fonte vital que os alimenta e lhes dá vida. Nesse momento, ao se afastarem da Lei Divina, vêm as maiores dores. Tornam-se *secos* e precisarão ser *apanhados, lançados ao fogo e queimados*.

Na frase acima, vemos uma referência ao juízo, lembrando que esse fogo não significa o inferno eterno, mas somente experiências reencarnatórias mais dolorosas, na Terra ou em mundos mais inferiores, para despertarem em nós o Cristo interior e nos redimir perante Deus. O Espírito Emmanuel, em outra passagem do livro *Caminho, Verdade e Vida*, adverte:

> Os homens são varas verdes da árvore gloriosa. Quando traem seus deveres, secam-se porque se afastam da seiva, rolam ao chão dos desenganos, para que se purifiquem no fogo dos sofrimentos reparadores, a fim de serem novamente tomados por Jesus, à conta de sua misericórdia, para a renovação.[218]

A Lei Divina, então, ao perceber que estamos desconectados da Videira Verdadeira, permite que passemos

---

218 XAVIER, Francisco Cândido. *Caminho, verdade e vida*. Pelo Espírito Emmanuel. [s.l]: L. Neilmoris, 2008 Capítulo 55. As varas da Videira. p. 67.

pela experiência do sofrimento, representado pelo ramo que seca e queima, apenas para nos fazer a ela retornar. Só há de eterno na Criação, portanto, aquilo que está vinculado ao bem, sendo a dor e tudo o mais temporário.

36. Como entender a Parábola da Mulher que Dá à Luz?

Na verdade, na verdade vos digo que vós chorareis e vos lamentareis, e o mundo se alegrará, e vós estareis tristes, mas a vossa tristeza se converterá em alegria. A mulher, quando está para dar à luz, sente tristeza, porque é chegada a sua hora; mas, depois de ter dado à luz a criança, já não se lembra da aflição, pelo prazer de haver nascido um homem no mundo. Assim também vós agora, na verdade, tendes tristeza; mas outra vez vos verei, e o vosso coração se alegrará, e a vossa alegria ninguém vo-la tirará.[219]

Nessa parábola o Mestre fala dos tempos vindouros, da nova era. Abordava sobre a alegria após o sofrimento do calvário, com a sua ressurreição. Ensinava, também, quanto à felicidade futura e perene da Humanidade, alcançada após empreender todas as lutas pela sua espiritualização. Para ilustrar essa situação, é feita a simbologia com a mulher que dá à luz.

À época os judeus acreditavam que o tempo era dividido em duas partes: o presente e o futuro. O primeiro era eminentemente ruim, mau e estava condenado ao fim. Já a era futura seria de prosperidade, designada pela idade do Ouro, a era de Deus.

Entre essas duas eras, antes mesmo da vinda do Messias, viria o chamado dia do Senhor, caracterizado

219 BÍBLIA ONLINE. *João 16:20-22*. Disponível em: https://www.bibliaonline.com.br/. Acesso em: 13/09/2023.

por acontecimentos terríveis, destruições e, até mesmo, a desintegração do mundo. Logo em seguida, entretanto, amanheceria a idade do Ouro.

E, para indicarem essa época intermediária, os judeus usavam, comumente, a imagem da dor do parto como algo que antecede a chegada de toda vida nova ao mundo. Isso porque as dores do parto são esquecidas após o nascimento da criança.

Jesus proferiu essas palavras apenas algumas horas antes do seu testemunho final. De modo mais claro do que falara anteriormente, afirmou sobre o seu retorno à Vida Espiritual, ao dizer: "Um pouco, e não me vereis; e outra vez um pouco, e ver-me-eis; porquanto vou para o Pai."[220]

Ao ouvirem tais palavras, os apóstolos perguntaram entre si o que dizia o Mestre, mas, em virtude da seriedade do momento, silenciaram. Jesus, conhecendo seus pensamentos, explica sobre a sua morte e diz aos apóstolos que, em breve, chorariam e se lamentariam, enquanto o mundo se alegraria.

Os poderosos, cheios de orgulho e de vaidade, que matavam para se manter nessa condição, *alegrar-se-iam com a aparente ausência do Cristo.* Apesar disso, as palavras de Jesus eram promissoras, pois asseveravam que a *tristeza viraria júbilo.* Iria deixá-los, mas voltaria em seu reinado de amor.

Antes disso, porém, passariam todos por *situações de choro e de lamentos,* devendo perseverar em sua fé, pois o amanhã seria de bênçãos.

Jesus não se refere unicamente ao sofrimento dos apóstolos com o seu desencarne, mas ao da Humanidade inteira, que sofreria por séculos até a completa vivência

220 BÍBLIA ONLINE. *João 16:16*. Disponível em: https://www.bibliaonline.com.br/. Acesso em: 13/09/2023.

do Evangelho. O Mestre prevê o período de transição planetária, marcado por grandes convulsões físicas, sociais e morais.

Exatamente por isso comparou os estados atual e futuro ao de uma mulher grávida, que, com a felicidade advinda da maternidade, esquece as angústias pretéritas. O homem, com a ventura do mundo de regeneração, olvidará as expiações e provas enfrentadas anteriormente.

A *mulher* da parábola representa os apóstolos e todos os que seguem as Leis de Deus. A *dor de parto* simboliza a dor pela morte de Cristo e os sofrimentos terrenos vivenciados pela Humanidade.

A expressão *porque é chegada a sua hora* nos fala do momento de mudança, não só quanto à condição de Jesus, mas de todo o orbe. E essa hora chegou. Agora, sendo o tempo marcado por Deus para as grandes transformações planetárias, nada nem ninguém poderia evitá-las. O progresso até pode ser atrasado, nunca impedido.

O Espírito São Luís, em *O Livro dos Espíritos,* abordando sobre o momento da transição, lembra que *"predita foi a transformação da Humanidade e vos avizinhais do momento em que se dará, momento cuja chegada apressam todos os homens que auxiliam o progresso"*.[221]

O Codificador, em *Obras Póstumas*, traz também significativo registro acerca do tema, em um diálogo com o Espírito de Verdade. Vejamos o diálogo:

> P. – Disseram os Espíritos que os tempos são chegados em que tais coisas têm de acontecer: em que sentido se devem tomar essas palavras? R. – Em se tratando de coisas de tanta gravidade, que são alguns anos a mais ou a menos? Elas nunca ocorrem bruscamente, como o chispar de um raio; são longamente

---

221 KARDEC, Allan. *O Livro dos Espíritos*. Campos dos Goytacazes/RJ: Editora Letra Espírita, 2022. Q. 1019. p. 371.

> preparadas por acontecimentos parciais que lhes servem como que de precursores, quais os rumores surdos que precedem a erupção de um vulcão. Pode-se, pois, dizer que os tempos são chegados, sem que isso signifique que as coisas sucederão amanhã. Significa unicamente que vos achais no período em que se verificarão.[222]

O nascimento de um filho varão era sempre um evento grandioso e esperado pelo povo judeu. Com ele, *a mulher esquecia sua aflição* ou qualquer expressão censurável dita na hora do parto. Jesus, tendo conhecimento desse fato, usa-o na frase *pelo prazer de haver nascido um homem no mundo* para dar ainda mais ênfase à felicidade vindoura.

O *nascer de um filho homem* simbolizava tanto o Cristo ressuscitado como o momento em que a Terra evoluiria espiritualmente. Com o retorno de Jesus, os apóstolos se alegrariam; com o planeta deixando de ser um mundo de provas e expiações, chegaria em definitivo a era da regeneração e da felicidade.

A gestação da parábola representa então, em plano maior, o nascimento da Boa-Nova em cada um de nós. Ela não surge pronta e acabada em nossos corações, necessita de tempo e paciência, desenvolve-se aos poucos e se fortalece, até o dia em que nasce grande e cheia de vida.

Nesse dia sentimo-nos repletos de contentamento. Percebemos ter valido a pena toda renúncia e dedicação, bem como todo esforço empreendido. É quando esquecemos as dores do parto e nos regozijamos com o nascimento do homem novo.

Jesus ensina que cabia aos apóstolos serem como a mulher que dá à luz, alegrando-se quando Ele voltasse.

---

222 KARDEC, Allan. *Obras Póstumas*. 41. ed. Brasília: FEB, 2019. Extratos, in extenso, do livro das Previsões concernentes ao Espiritismo. Acontecimentos. p. 238.

Toda dificuldade, ansiedade e todo medo existentes em suas almas desapareceria, não mais seriam atingidos pela dor do mundo. É o sentido das palavras *também vós agora, na verdade, tendes tristeza; mas outra vez vos verei, e o vosso coração se alegrará, e a vossa alegria ninguém vo-la tirará.*

Na parábola Jesus instrui a Humanidade a lidar positivamente com o sofrimento; e suas orientações podem ser resumidas nos três tópicos abaixo:

O sofrimento virará júbilo. Essa afirmação consta das palavras vós chorareis e vos lamentareis, e o mundo se alegrará, e vós estareis tristes, mas a vossa tristeza se converterá em alegria.

A Doutrina Espírita, relembrando as palavras do Cristo, explica que as alegrias do mundo material se convertem em lágrimas quando o Espírito desperta da sua cegueira espiritual, compreendendo que os prazeres terrenos não proporcionam a verdadeira felicidade.

A alegria despreocupada do mundo vira sofrimento, e o aparente sofrer do cristão, de outro modo, vira júbilo. É quando o Espírito chora arrependido, antes da renovação íntima que lhe proporcionará o caminho de ascensão espiritual.

A alegria será eterna, ninguém poderá tirá-la. Na parte final do verso 22, Jesus assevera *e a vossa alegria ninguém vo-la tirará.* Independentemente das contingências, mudanças e adversidades do mundo, a felicidade daquele que caminha com Jesus seguirá intocável, pois, não estando à mercê do mundo, nada poderá atingi-la.

Quanto a Terra adentrar em definitivo na era da regeneração, avanços inimagináveis virão, como a solução para todos os problemas de ordem social, para a pobreza e a fome; a descoberta da cura de todas as doenças do corpo físico, em decorrência da manipulação genética, e o amplo e total acesso à informação e à cultura.

Além disso, irmãos de outros planetas mais evoluídos terão a permissão expressa de Jesus para se apresentarem abertamente entre nós, auxiliando a Humanidade terrestre, oferecendo-nos tecnologias novas, que hoje nem podemos imaginar.

Será possível a fabricação de aparelhos que facilitarão nosso contato com as esferas de desencarnados, possibilitando conversas com os entes queridos que já retornaram ao Plano Espiritual. Seria uma nova Terra, de espiritualização e beleza, e *ninguém vo-la tirará.*

Quem viver a alegria cristã esquecerá a dor. Tal ideia fica clara na comparação da mulher que sente tristeza e dor, quando está para dar à luz, mas que, depois de nascido o filho, não lembra mais da aflição, pela felicidade de ter um filho homem.

Quem vivencia os ensinamentos do Cristo não recebe os desafios da vida com revolta ou irresignação, mas como oportunidades benditas de elevação espiritual. A dor é esquecida e resta a alegria de provar na dor sua fidelidade a Deus.

Considerações Finais

A alegria por estarmos finalizando mais um trabalho é sempre maravilhosa. Sentimos aquela sensação de dever cumprido, de termos conseguido ser fiéis ao Cristo em mais um projeto empreendido.

Falar de Jesus é sempre prazeroso, mas ter a oportunidade de estudar com mais profundidade Suas palavras e ensinos bíblicos trouxe-me, sem dúvida, emoção diferente. Fez-me sentir ainda mais próxima do Mestre, como se ao meu próprio coração Ele falasse.

Assim como nos livros anteriores da série *Conhecendo o Espiritismo*, demos o nosso melhor, abordando os temas de forma simples e agradável, procurando facilitar a sua compreensão.

Esperamos ter alcançado o fim almejado. Que você, querido leitor, sinta-se igualmente mais próximo do Nazareno e estimulado à vivência das Leis de Deus.

Até breve.

Sumário Vol. 2:

CONHEÇA OUTROS LIVROS DA SÉRIE

Conhecendo o Espiritismo

POR EVELYN FREIRE DE CARVALHO

Saiba mais em: www.editoraletraespirita.com.br

DOUTRINA ESPÍRITA SEM SEGREDOS

Evelyn Freire de Carvalho

Estudo • 16x23 cm • 248 pp

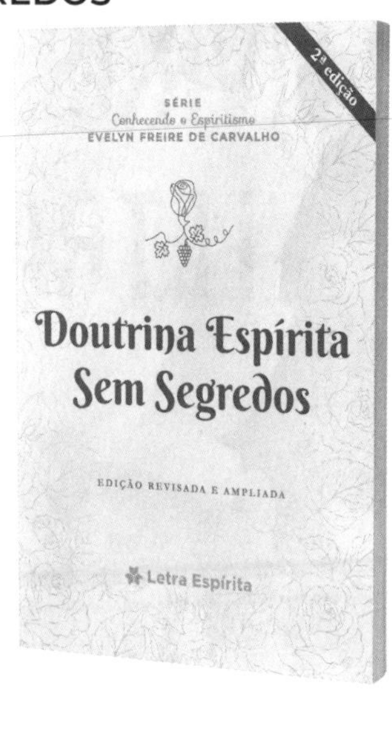

Uma excelente obra para quem está iniciando os estudos da Doutrina Espírita. Por meio de questões instigantes e utilizando uma linguagem simples, leve e objetiva, a autora apresenta ao leitor a origem do Espiritismo e explica sobre suas obras básicas.

Além disso, traz uma visão abrangente de Deus, da justiça divina, da desencarnação, dentre outros temas.

.

ISBN: 978-65-88535-46-2

Pedidos: vendas@letraespirita.com.br | (22) 2738-0184 | (22) 99820-3332

CONHEÇA OUTROS LIVROS DA SÉRIE

Conhecendo o Espiritismo

POR EVELYN FREIRE DE CARVALHO

UM ELO ENTRE DOIS PLANOS

Evelyn Freire de Carvalho

Estudo • 16x23 cm • 256 pp

Na obra examinamos os trabalhos desenvolvidos nas reuniões mediúnicas, a equipe encarnada e desencarnada, o diálogo com os Espíritos, as dificuldades enfrentadas, entre muitos outros assuntos.

ISBN: 978-65-88535-20-2

BÍBLIA SAGRADA: UM OLHAR ESPÍRITA

Evelyn Freire de Carvalho

Estudo • 16x23 cm • 256 pp

Trazendo um olhar espírita sobre os personagens bíblicos, as predições evangélicas e as aparentes contradições entre a Bíblia e o Espiritismo, você sanará muitas dúvidas. Algumas perguntas trazidas na obra são: Como entender o Apocalipse e o Juízo Final?, Há na Bíblia fenômenos mediúnicos?, A Bíblia é contrária ao Espiritismo?, Qual a visão espírita sobre santos, anjos e demônios?

ISBN: 978-65-88535-02-8

BASTIDORES DE UMA REUNIÃO MEDIÚNICA VIRTUAL

Evelyn Freire de Carvalho

Estudo • 14x21 cm • 192 pp

Traz informações sobre o planejamento espiritual realizado para o início dessa nova modalidade de reunião mediúnica, os desafios que precisaram ser superados até que a atividade pudesse ser iniciada com segurança, bem como acerca da coragem e da disciplina exigidas dos participantes para que pudessem realizar com êxito esse trabalho na seara do Mestre.

ISBN: 978-65-885356-15-9

MENSAGENS E REFLEXÕES

Evelyn Freire de Carvalho

Mensagem/Autoajuda • 18x11 cm

VOCÊ PRECISA CONHECER

VIVÊNCIAS ATUAIS SOB O CONSOLADOR OLHAR DO ESPIRITISMO

Rafaela Paes de Campos

Estudo • 13x20 cm • 176 pp

Sabemos que à época da Codificação, muitos dos temas hoje vividos pela sociedade, não eram comuns. E assim [illegible] estudam seriamente a Doutrina Espírita, cabe a tarefa de, conhecendo a base, aplica-la ao que é novo. É isso que a presente obra pretende fazer: Levantar assuntos atuais e, embasando-os na Codificação, encontrar as respostas e reflexões plausíveis e racionais.

ISBN: 978-65-88535-66-0

ANTES E DEPOIS DO BERÇO

Darcy Neves Moreira

Estudo • 16x23 cm • 168 pp

Traz conteúdos doutrinários que orientam a nossa jornada desde o desencarne, e acompanham o Espírito no percurso que faz na trajetória para a luz, especialmente na primeira infância. Nesse caminho, encontra surpresas, prepara-se para retornar à experiência carnal, escolhendo seus parceiros terrestres, e precisa de olhares cuidadosos para cumprir sua missão na Terra, tendo nós, seus pais ou responsáveis, como articuladores de providências para o seu voo reencarnatório.

ISBN: 978-65-885356-56-1